rororo sport
Herausgegeben von Bernd Gottwald

Rolf Mayer

Fußball-Kurzprogramme

Technik, Schnelligkeit, Kraft, Ausdauer, Koordination

Rowohlt

3. Auflage Januar 2004

Originalausgabe
Veröffentlicht im
Rowohlt Taschenbuch Verlag,
Reinbek bei Hamburg, Oktober 1998
Copyright © 1998 by
Rowohlt Taschenbuch Verlag,
Reinbek bei Hamburg
Umschlaggestaltung Büro Hamburg
(Foto: The Image Bank)
Redaktion Thorsten Krause
Satz Minion und Syntax PostScript,
QuarkXPress 3.31
Gesamtherstellung Clausen & Bosse, Leck
Printed in Germany
ISBN 3 499 19477 5

Inhalt

Dank

Es ist mir ein großes Bedürfnis, mich bei all jenen zu bedanken, die mir bei der Erstellung dieses Buches mit Rat und Tat zur Seite standen.

Mein ganz besonderer Dank gilt *Lutz Hangartner*, Sportdozent an der Universität Freiburg und erfolgreicher Trainer der deutschen Studenten-Fußballnationalmannschaft, für seine kompetenten und umfassenden Anregungen. Für wichtige Impulse im Theorieteil bedanke ich mich ganz herzlich bei meinem Freund *Michael Fuchs* sowie beim Studienleiter der Sportschule Schöneck, *Hermann Kimmeyer*. Ebenso gilt mein Dank meinem langjährigen Trainerkollegen *Werner Kraus*, der erneut mit vielen fachmännischen Ratschlägen aufwartete. Auch meiner ehemaligen Trainerkollegin aus der Damenbundesliga und jetzigen BFV-Verbandssportlehrerin der Damen, *Ulrike Ballweg* sei an dieser Stelle für wertvolle Tips ebenso gedankt sowie *Dominik Jahn* als angehendem Diplomsportlehrer.

Im selben Maße bin ich meinen befreundeten Trainerkollegen *Uwe Lutz, Georg Krammerbauer, Heinz Becht, Peter Müller, Jürgen Geigle, Jürgen Vetter* und *Rudi Herzog* Dank schuldig, die in bewährter Manier die Praxisbeispiele erprobten und damit zu ihrer Optimierung beitrugen. *Thomas Jentsch* sei für seine großartige Hilfe am PC gedankt und *Stuart Chatham* für seine exzellenten Fotos. *Herrn Drexler* von der Firma «adidas» möchte ich abermals für die großzügige Ausstattung der «Models» danken, außerdem natürlich den «Models» selbst, nämlich *Thomas Jentsch, Peter Müller* und *Timo Mayer*.*

Abschließend möchte ich es nicht versäumen, *meiner Familie* herzlich Dank zu sagen, die mit ihrer Rücksichtnahme und Unterstützung nunmehr das dritte Buch ermöglicht hat.

Rolf Mayer

---

* Der SpVgg Dillweißenstein und dem TuS Ellmendingen danke ich für die Bereitstellung ihrer Sportanlagen.

Vorwort

Mit dem vorliegenden Buch setzt Rolf Mayer die Reihe seiner erfolgreichen Veröffentlichungen zur Trainingsgestaltung im Fußball fort.

Den vielfältigen Anregungen für ein abwechslungsreiches, zielgerichtetes Training liegt die Leitidee zugrunde, daß ein zeitgemäßes Trainieren sich immer am Spiel zu orientieren hat. Handlungsfähigkeit im Spiel kann nur erreicht werden, wenn technische, taktische und konditionelle Spielelemente unter wettkampfgemäßen Bedingungen geschult werden.

Ein hohes Spielniveau des Einzelspielers und der Mannschaft bedarf aber auch einer intensiven und sorgfältigen Verbesserung von spezifischen Fertigkeiten, die aus dem Spiel herausgelöst werden. Rolf Mayer bietet in seinen Büchern eine breite Palette von Spielformen und Kurzprogrammen an, um spielnah und anforderungsbezogen zu trainieren. Trainer aller Spielklassen finden somit zahlreiche Beispiele, um ihr Training situationsgemäß zu gestalten.

Joachim «Jogi» Löw

Einführung

Die Wege, um Fußball erfolgreich zu vermitteln, sind äußerst vielfältig. Dabei reicht die Palette der Trainingskonzepte von den isoliert erarbeiteten Leistungskomponenten der Technik, Taktik und Kondition einerseits über recht einseitig akzentuierte, nur auf Kondition ausgelegte Arbeit bis zum spielorientierten Training andererseits.

Es sei vorweggenommen: Ein sicheres Rezept für erfolgreichen Fußball gibt es nicht. Neue trainingstheoretische Ansätze fordern eine stärkere Ausrichtung des Trainings am Wettspiel. Diese Forderungen rücken ein spielorientiertes Training mehr und mehr als die effektivere Alternative in den Vordergrund und werden unter anderem durch die folgenden Argumente nachhaltig unterstrichen.

- Die für das reine Konditionstraining vorgesehene Zeit wird gleichzeitig zur Erarbeitung vielseitiger technischer und taktischer Elemente genutzt.
- Die konditionellen Fähigkeiten werden in jener Form erarbeitet, wie sie das Spiel abverlangt.
- Die Spieler empfinden die körperliche Belastung durch die Ablenkung des Spiels weniger stark.

Aus der Überzeugung und Erfahrung heraus, daß das spielorientierte Training eine wesentliche Methode zur Entwicklung einer hohen Leistungsfähigkeit im Fußball darstellt, werden die Programme in diesem Buch geplant.

Allerdings besteht im ausschließlich spielorientierten Training kein Allheilmittel. Nicht nur, weil diese Methode keinesfalls ein isoliertes Training aus dem Spiel herausgelöster Elemente (z. B. Sprungkraft oder Technik) ausschließt, sondern auch, weil die Komplexmethode die Teilmethode als ergänzende Form geradezu braucht. Denn ohne das isolierte Training technischer Fertigkeiten, beispielsweise der Koordination, der Schnelligkeit oder der Sprungkraft, ist eine individuelle Perfektion und damit auch eine entsprechend hohe Spielqualität kaum zu erlangen. Demzufolge sollte über den Einsatz der vielfältigen Spielformen hinaus ein zielgerichteter Einsatz technischer als auch konditioneller Kurzprogramme erfolgen, um getreu dem Motto «so elementar wie nötig, so komplex wie möglich» zu trainieren.

Die Erfahrung lehrt, daß die Anwendung derartiger Kurzprogramme (sinngemäß eventuell auch mit dem Begriff «Einstreuprogramm» zu bezeichnen) der Motivation der Spieler keinen Abbruch tut – ganz im Gegenteil. Ein Kurzprogramm, ganz gleich, in welchem Trainingsabschnitt vorgesehen, stellt für die Spieler durchaus eine willkommene Abwechslung im Trainingsablauf dar.

Die Programme gewährleisten nicht nur begründete, sondern auch gut überschaubare und bestens dosierbare Belastungssequenzen. Es ist im übrigen nicht von der Hand zu weisen, daß die Belastungssteuerung mit Kurzprogrammen etwas leichter möglich ist als bei Spielformen. Da Kurzprogramme aufgrund der Beanspruchung für den Kopf und die Physis der Spieler eine ganz andere Anforderung darstellen als Spielformen, werden sie selbst bei höheren Belastungsspitzen dankbar angenommen. Überdies «schüren» die meist in Partnerform oder Kleingruppen organisierten Programme nicht selten den Ehrgeiz und den sportlichen Wettbewerb unter den Spielern.

Wie die Anteile von Spielformen und Kurzprogrammen gewichtet werden, bestimmt letztendlich der Trainer. Er ist es, der aus dem «Lehrmeister Spiel» seine Schlüsse zieht und die geeigneten Trainingsinhalte ableitet. Die Verantwortung für Inhalte und Methoden liegt alleine bei ihm, denn nur er kann aufgrund der Eindrücke aus Wettspiel, Training und möglicherweise auch aus Gesprächen mit seinen Spielern abschätzen, was für die Entwicklung des einzelnen sowie der Mannschaft von Nutzen ist. Je mehr er von seiner Trainingsmethode überzeugt ist, desto glaubwürdiger und effektiver wird er seine Intentionen herüberbringen und um so mehr werden sie «greifen».

Die Steuerung der Trainingsbelastung

Trainings- und Belastungsprinzipien

Die Entwicklung der Kondition des Sportlers ist neben der organischen Veranlagung, dem Alter, der koordinativen Steuerung und den physischen Fähigkeiten in besonderem Maße von einem gezielten Training abhängig. Das Training der Kondition beruht auf den Prozessen der biologischen Anpassung. Um solche Prozesse in Gang zu bringen, ist es unabdingbar, trainingswissenschaftliche Grundsätze zu berücksichtigen, mit denen es gelingt, die Leistung zu entwickeln, zu steigern oder zu stabilisieren. Zu diesen Grundsätzen zählen die sogenannten Trainings- und Belastungsprinzipien.

1. Das Prinzip der optimalen Gestaltung von Belastung und Erholung

Dieses Prinzip berücksichtigt den Sachverhalt, daß es nach Trainingsbelastungen einer gewissen Zeit der Wiederherstellung bedarf, um eine erneute Belastung bei günstigen Voraussetzungen durchführen zu können. Dieser Erholungsvorgang hängt von dem durch die Trainingsmethode festgelegten Verhältnis von Trainingsumfang und Trainingsintensität ab. Dabei unterscheidet man zwischen kurz dauernden Wiederherstellungsvorgängen, die in wenigen Stunden abgeschlossen sind, und jenen, die mehrere Tage dauern. Belastung und Erholung sind somit im Prinzip als Einheit zu betrachten.

2. Das Prinzip der Superkompensation

Der Theorie der Superkompensation (Hyperkompensation) zufolge kommt es nach einer entsprechend starken Trainingsbelastung (überschwelliger Reiz) nicht nur zur Wiederherstellung (Kompensation) des ursprünglichen Ausgangsniveaus, sondern darüber hinaus zu einer Überkompensation (erhöhte oder überschießende Wiederherstellung) der beanspruchten Energiereserven, was einer Verbesserung der Leistungsfähigkeit gleichkommt, sofern weitere neue Trainingsreize folgen. Eine bedeutende Aufgabe der Trainingsplanung ist es, die Trainingseinheiten (besonders innerhalb einer Trainingswoche) so zu legen, daß die neuen Belastungen – ob nun Training oder Wettkampf – in die Phase der Superkompensation fallen.

3. Das Prinzip der Periodisierung

Dieses Prinzip ergibt sich aus der langjährigen Erfahrung, daß ein Sportler nicht ganzjährig an der oberen Leistungsgrenze belastet werden kann, weil er sich ständig im Grenzbereich seiner individuellen Belastbarkeit befände, die unausweichlich zu massiven Einbrüchen seiner physischen Leistungsfähigkeit und psychischen Leistungsbereitschaft führen würden. Aus biologischen Gründen ist deshalb ein Belastungswechsel notwendig. Diesem Belastungswechsel wird man im Laufe des Trainingsjahres mit aufbauenden (Vorbereitungsphase), stabilisierenden (Wettkampfphase) und reduzierenden (Übergangsphase) Belastungsperioden gerecht, die durch weitere strukturierende Makrozyklen (z. B. von 2 bis 6 Wochen) und Mikrozyklen (beispielsweise über 7 Tage) eine erneute Unterteilung erfahren. Damit können einerseits Belastungsüberforderungen vermieden, andererseits auch gewisse Leistungshöhepunkte «herausgekitzelt» werden. Ungeachtet dessen ist die Periodisierung des Trainings in hohem Maße von der Erfahrung und dem Fingerspitzengefühl eines Trainers abhängig.

4. Prinzip der variierenden Belastung

Dieses Prinzip beruht auf der Erkenntnis, daß sich bei ständig gleichen Reizen keine Leistungssteigerung mehr erzielen läßt, d. h., daß gleichartige Trainingsreize über einen längeren Zeitraum hinweg folglich zu einer Stagnation des Trainingsgewinns führen können. Eine bessere Stimulationslage kann jedoch erreicht werden, indem man die Belastungsreize wieder ändert. Vor allem in Zeiten häufig folgender Trainingsbelastungen (wie z. B. in der Vorbereitungsphase) sollten nach dem Prinzip der variierenden Belastung täglich unterschiedliche Trainingsziele angesprochen werden, um so unterschiedliche Ermüdungsprozesse (z. B. Ausdauerermüdung oder zentralnervöse Ermüdung) zu bewirken. Diese geschickte Mischung unterschiedlicher Trainingsziele und der damit verbundenen Trainingsmethoden hilft vor allem, einem Übertraining vorzubeugen. Die Variation der Belastungsreize sollte sich in der Trainingspraxis nicht nur auf die Änderung der Intensität beziehen, sondern ebenso auf den Wechsel von Trainingsmethoden, Trainingsinhalten oder Pausengestaltung.

5. Das Prinzip der richtigen Belastungsfolge

Ein ebenso wichtiger Grundsatz ist das Prinzip der richtigen Belastungsfolge. Dieses Prinzip ist dann von Bedeutung, wenn innerhalb einer Trainingseinheit mehrere Leistungskomponenten verbessert werden sollen. Dies ist im Jugend- und Amateurfußball meist der Fall, wenn man aufgrund zu weniger Trainingseinheiten praktisch in jedem Training der Erarbeitung mehrerer Komponenten gerecht werden muß. Damit sich Trainingseffekte nicht aufheben bzw. sich nicht zuwiderlaufen, ist es zwingend notwendig, die richtige Belastungsfolge einzuhalten. So stehen am Anfang einer Trainingseinheit stets Übungen, deren Effekt psychisch und physisch einen ermüdungsfreien Zustand voraussetzen und nachfolgend vollständige Pausen erfordern. Hierzu gehört das Training der Koordination, der Schnelligkeit, der Schnellkraft und der Maximalkraft. Übungen der Koordination und der Schnelligkeit sind dabei stets vor Kraftübungen anzusetzen. Dann folgen die Übungen, deren Effektivität auf unvollständigen Pausen beruht, wie die der Kraftausdauer und der Schnelligkeitsausdauer.

Erst am Ende der Trainingseinheit stehen schließlich Übungen, die die Ausdauer fördern.

6. Das Prinzip des wirksamen Belastungsreizes

Dieser Grundsatz besagt, daß ein Trainingsreiz eine bestimmte Intensitätsschwelle überschreiten muß, um trainingswirksam zu sein. Den biologischen Hintergrund hierfür liefert die Arndt-Schultsche Regel, nach der ...
- unterschwellige Reize (unter der wirksamen Reizschwelle) wirkungslos bleiben,
- überschwellig schwache Reize das Funktionsniveau erhalten,
- überschwellig starke Reize physiologische und anatomische Änderungen bewirken und
- zu starke Reize die Funktion schädigen.

Der Schwellenwert der Belastungsreize hängt vom Leistungsstand der Spieler ab.

7. Das Prinzip der Individualisierung

Das Trainingsalter, der Entwicklungsstand, die individuellen Leistungsvoraussetzungen, die Trainier- und Belastbarkeit, aber auch die positionsspezifischen Anforderungen des Wettspiels unterstreichen die grundsätzliche Berechtigung dieses Prinzips beim Training.

Im Folgenden sollen die jeweils wirksamen Belastungsanforderungen einzelner Leistungskomponenten dargelegt werden.

Das Training der einzelnen Leistungskomponenten

Technik

Der Begriff der Technik umfaßt alle spieltypischen Bewegungsfertigkeiten, die dem Ziel des Fußballspiels (Tore regelgerecht zu erzielen und zu verhindern) dienen, d. h., alle Formen, den Ball zu kontrollieren, zu führen und zu spielen.

Die Entwicklung technischer Fertigkeiten vollzieht sich in sogenannten Phasen motorischen Lernens, die in fünf Stufen unterteilt werden:

1. *Stufe des Erwerbens*
2. *Stufe des Verfeinerns*
3. *Stufe des Stabilisierens*
4. *Stufe des Automatisierens*
5. *Stufe des Variierens*

Dieser Prozeß verläuft nicht linear, sondern eher spiralförmig auf unterschiedlichen Leistungsebenen. Dabei nimmt das Leistungsniveau von Ebene zu Ebene ständig zu, indem beispielsweise das Ausführungstempo steigt, die Übungen komplexer oder die gegnerischen Angriffe schneller und kompromißloser werden. Daraus ergeben sich für das Training von Nachwuchsspielern und Senioren unterschiedliche Ziele des Techniktrainings.

Im *Nachwuchsbereich* sind die Ziele in erster Linie alters- und entwicklungsabhängig; sie lassen sich im wesentlichen reduzieren auf …

- die Vermittlung einer Vielzahl technischer Elemente,
- die Erhöhung der Präzision der Bewegung,
- die Verbesserung der Kreativität im Umgang mit dem Ball,
- das spielnahe Training der in speziellen Übungen oder Übungsreihen entwickelten Technikelemente.

Im *Seniorentraining* ist das Techniktraining stark an die Spielklassen und damit an die davon abhängige Trainingshäufigkeit gekoppelt. Demnach geht es im *unteren* und *mittleren Amateurbereich* um …

- den Ausbau der individuellen technischen Fertigkeiten,
- den Abbau technischer Defizite (z. B. schwacher Fuß …),
- die Festigung positionsbezogener Techniken und
- die Entwicklung technischer Spezialitäten (z. B. bei Standardsituationen).

Bei der technischen Ausbildung im *Leistungsfußball* geht es neben den oben genannten Aufgaben um …

- die Weiterentwicklung der genannten Techniken und
- das Training einer zunehmenden Sicherheit der Ballbehandlung trotz höheren Spiel- bzw. Lauftempos und verstärkter Bedrängung durch den Gegner.

Die Grundlagen für eine nahezu perfekte Individualtechnik müssen folglich im Kindes- und Jugendalter gelegt werden. Besonders die im Grundschulalter in hohem Maße vorhandenen Voraussetzungen für koordinative Leistungen gewährleisten bei altersangemessenem Üben rasche Lernfortschritte.

Prinzipien der Technikschulung

- Technikschulung hat so früh wie möglich einzusetzen.
- In allen Alters- und Leistungsklassen sind Technikprogramme Bestandteil jeder Trainingseinheit. Sie bieten sich zur Gestaltung der Aufwärmphase ebenso an wie zwischen Spieldurchgängen.
- Eine korrekte Bewegungsausführung ist vor allem im Anfangsstadium des Lernens von Bedeutung; hat sich nämlich eine Bewegung erst einmal falsch eingeprägt, ist es schwierig und zeitaufwendig, diese fehlerhafte Technik umzulernen.
- Das Erlernen neuer Techniken erfordert prinzipiell einen ermüdungsfreien Zustand, denn ein ermüdeter Organismus ist in seiner Koordination beeinträchtigt.
- Besonders im Techniktraining brauchen die Spieler Lern- und Korrekturhilfen; darüber hinaus aber bedürfen sie vor allem des Zuspruches und des Lobes.
- Da besonders junge Spieler noch «mit den Augen lernen», ist eine nahezu perfekte Demonstration seitens des Trainers notwendig. Ersatzweise oder ergänzend ist auch der Einsatz von Lehrfilmen sinnvoll.
- Das Leistungsvermögen des einzelnen ist der Gradmesser für den Schwierigkeitsgrad der zu erlernenden Technikelemente, deren Anforderungen stetig zu steigern bzw. komplexer zu gestalten sind.
- Technische Fertigkeiten gilt es im Training ständig zu wiederholen; dabei kommt es jedoch nicht nur auf die häufige Wiederholung bestimmter Bewegungsabläufe an, sondern auch auf die variierte Aufgabenstellung in einem ständig wechselnden Organisations- und Spielrahmen.
- Da Fußballtechnik nie Selbstzweck sein oder zu brotloser Kunst verkümmern darf, gilt es, die in systematischer Übung erworbenen Techniken in Spielformen, spielerischen Übungsformen oder Spielreihen zu erproben und weiterzuentwickeln – nicht zuletzt auch, um dem Spieltrieb der (jungen) Spieler gerecht zu werden.
- Im Anfängertraining, aber auch noch später, ist es von großer Bedeutung, die Beidbeinigkeit der Spieler zu fördern.
- Mit zunehmendem Alter sollten die Technikelemente in immer höherem Tempo gegen den Widerstand des Gegners absolviert werden können.

Methoden des Techniktrainings

Grundsätzlich unterscheidet man beim Techniktraining drei Methoden …
- die sogenannte *Übungsform* sieht das Lernen der einzelnen technischen Elemente (z. B. Finten) in isolierter Form, losgelöst vom Spielgeschehen vor (deduktive Methode),
- in der *Spielmethode* wird die komplexe Spielfähigkeit in ganzheitlicher Form durch verschiedene Arten von Spielformen geschult, wobei die Technik automatisch mittrainiert wird, und
- die *gemischte Methode* sieht eine Mischung der obengenannten Vorgehensweisen vor, indem innerhalb einer Trainingseinheit ein steter Wechsel von Üben und Spielen praktiziert wird; entscheidend dabei ist, daß die Spieler die einzelnen Techniken ohne Druck des Gegners isoliert üben und anschließend im Spiel erproben.

Kraft

Muskelkraft ist eine wichtige Komponente der fußballerischen Leistungsfähigkeit. Bei ungenügender Kraftentwicklung ist nicht nur die Erarbeitung fußballerischer Fertigkeiten begrenzt, sondern es besteht auch die Gefahr der Über- oder Fehlbelastung der Muskulatur, d. h., es bilden sich muskuläre Ungleichgewichte. Diese äußern sich dann beispielsweise in verminderter Dehnbarkeit einzelner Muskeln, oder es kommt zu Veränderungen der Kraftentwicklung unterschiedlich wirkender Muskeln und Muskelgruppen. Somit erfüllt das Krafttraining für den Fußballspieler mehrere Funktionen, denn seine Wirkung beruht auf …
- einer Leistungssteigerung im Wettkampf (Kraft als Grundvoraussetzung der Schnellkraft und Kraftausdauer),
- der Vorbeugung von Sportverletzungen (Vermeidung oder Ausgleich von Überlastungsschäden am aktiven und passiven Bewegungsapparat) und
- der Wiedererlangung verlorengegangener Funktionen nach Sportverletzungen durch Rehabilitations- und Aufbautraining.
Die Kraft wird in drei Formen unterteilt: Schnellkraft, Maximalkraft, Kraftausdauer. Sie sind für den Fußballer allerdings nicht alle von gleichrangiger Bedeutung.
Die *Schnellkraft* ist die Fähigkeit der Muskulatur, Widerstände mit hoher Kontraktionsgeschwindigkeit zu überwinden. Sie ist wohl die wichtigste Kraftkomponente des Fußballers, denn das Spiel fordert viele beschleunigende (konzentrische) Krafteinsätze, z. B. beim Schuß, Sprung oder Antritt, und abbremsende (exzentrische) Krafteinsätze (z. B. bei Richtungswechseln und Stops). Das Ziel des Schnellkrafttrainings

ist folglich eine Erhöhung der Kontraktionsgeschwindigkeit der Muskulatur und die Verbesserung des muskulären Zusammenspiels.

Die *Maximalkraft* ist die größtmögliche Kraft, die ein Mensch durch seinen Willen entwickeln kann. Sie ist Voraussetzung für eine optimale Entwicklung der Schnellkraft. Das Trainingsprinzip der Maximalkraft ist es, durch eine hohe Intensität möglichst viele motorische Einheiten der zu trainierenden Muskulatur anzusprechen. Die Verbesserung der Maximalkraft kann auf zweierlei Möglichkeiten erfolgen, entweder als Kraftzuwachs durch Zunahme der Muskelmasse oder als Kraftzuwachs durch Verbesserung des muskulären Zusammenspiels.

Die *Kraftausdauer* ist die Fähigkeit, kraftvolle Bewegungen ohne erkennbare Ermüdung über längere Zeit auszuführen. Sie ist vor allem für den allgemeinen Konditionsaufbau des Fußballspielers von Bedeutung, ganz besonders im Bereich der Stützmuskulatur. Zu ihrer Entwicklung wird in erster Linie auf die Methoden der Kraftausdauerentwicklung bei langsamer Bewegungsführung und auf hohe Wiederholungszahlen zurückgegriffen. Abhängig ist sie von der Maximalkraft sowie von der aeroben und anaeroben Ausdauer.

Da die Krafteigenschaften auf verschiedenen nervalen und muskelphysiologischen Prozessen aufbauen, sind sie auch unterschiedlich zu trainieren.

Prinzipien des Krafttrainings

- Das *Schnellkrafttraining* zeichnet sich durch sehr hohe Bewegungsschnelligkeit aus. Trainingsmethodisch geht es dabei darum, hohe Widerstände mit hoher Kontraktion zu bewältigen. Die Belastungsintensität beim Schnellkrafttraining liegt zwischen 30 und 50 % maximaler Kraftleistung, die Belastungsdauer beläuft sich auf 10 Sekunden bzw. auf maximal 8 Wiederholungen. Die Pausen sind vollständig und dauern zwischen 3 und 5 Minuten.
- Das Schnellkrafttraining setzt einen ermüdungsfreien Zustand voraus, d. h., es ist innerhalb einer Trainingseinheit nach dem Aufwärmen einzuplanen.
- Inhaltlich bieten sich für das Schnellkrafttraining entsprechend dosierte, in explosiver Form durchgeführte Sprungvarianten an, aber auch explosive Gymnastik- und Partnerübungen sowie Lauf- oder Tummelspiele.
- Das Training der *Maximalkraft* läßt sich bei der Trainingsarbeit auf dem Sportplatz kaum adäquat erarbeiten. Zwar gibt es die Möglichkeit, die Maximalkraft mit gezielten gymnastischen Übungen, bei denen das Körpergewicht durch Zusatzgewichte oder Partnerbelastung erhöht wird, zu entwickeln, doch der Trainingseffekt ist dadurch nicht optimal gesichert. Daher empfiehlt sich die Durchführung der Maximalkraftmethode nur im Fitneßstudio (individuell ausgetestet). Die Belastungsintensität beläuft sich dabei auf 90 bis 95 % der Maximalkraft, die Dauer liegt zwischen 5 und 10 Sekunden oder bei bis zu 4 Wiederholungen. Die Pause ist vollständig und kann bis zu 5 Minuten dauern.

- Für das Training der *Kraftausdauer* ist es von Bedeutung, extensive Trainingsreize zu setzen, d. h., geringe Gewichte und hohe Wiederholungszahlen bei mittlerer Bewegungsgeschwindigkeit einzusetzen. Die Belastungsintensität pendelt zwischen 30 und bis zu 75 % der maximalen Kraftleistungen; die Dauer richtet sich je nach Intensität der Übung von 30 Sekunden bis zu 2 Minuten. Die Pausen sind unvollständig und mit 2 bis 3 Minuten anzuberaumen. Als Inhalte kommen wie beim Schnellkrafttraining viele Lauf- und Sprungformen in Betracht sowie gymnastische Formen mit Medizinbällen, Deuserbändern, Thera-Bändern und kleinen Hanteln, außerdem Partnerübungen.

Schnelligkeit

Die Schnelligkeit des Fußballspielers stellt eine komplexe Eigenschaft dar, die sich nicht mit den Schnelligkeitsfähigkeiten eines Sprinters vergleichen läßt. Zwar räumen neuere Erkenntnisse ein, daß Schnelligkeitsleistungen bestimmte muskuläre und energetische Bedingungen voraussetzen, sich im Grunde aber aus unterschiedlichen psycho-physischen oder koordinativ-konditionellen Fähigkeiten zusammensetzen.

Aus der Übersicht auf Seite 19 wird deutlich, daß im Zusammenhang mit fußballspezifischen Schnelligkeitsanforderungen sowohl *gedankliche* als auch *koordinative* und *konditionelle Schnelligkeitsleistungen* gefordert sind. Daraus ergibt sich die Forderung, die Schnelligkeitsleistung nicht nur auf die motorischen bzw. auf die muskulär-energetischen Anteile zu reduzieren, sondern die effektive Schulung aller Schnelligkeitskomponenten zu berücksichtigen und in das Training einfließen zu lassen. Den Schwerpunkt des Schnelligkeitstrainings bilden folglich komplexe Spiel- und Übungsformen mit Ball und Gegner, insbesondere Spielformen im 1:1- und 2:2-Spiel auf verkürztem Raum zwischen zwei mit Torhütern besetzten Toren (oder auf Hütchentore / Dribbellinien). Ganz gleich, ob als Stationsbetrieb oder Mannschaftswettbewerb organisiert, stellen sie hohe Anforderungen an die Wahrnehmungs-, Entscheidungs-, Antizipations- und Reaktionsschnelligkeit. Ebenso gerecht wird man diesen fußballspezifischen Schnelligkeitsanforderungen durch ein Torschußtraining mit Gegenspieler. Aber auch kleine Parteiball-, Lauf- und Tummelspiele als Abbildung der Spielwirklichkeit erfüllen die Forderung eines komplexen Schnelligkeitstrainings.

Dessenungeachtet hat jedoch auch die isolierte Schulung der Schnelligkeit bzw. die eines Teilgebiets, wie in diesem Buch durch Kurzprogramme, nach wie vor eine Berechtigung im Fußballtraining – nämlich als sinnvolle Ergänzung oder Komplettierung im Sinne eines umfassenden Schnelligkeitstrainings. Zum einen ist ihr Einsatz

Handlungs-schnelligkeit	Schnellstmöglich und effektiv im Spiel handeln unter Einbeziehung seiner technisch-taktischen und konditionellen Möglichkeiten
Aktionsschnellig-keit mit Ball	In Höchstgeschwindigkeit Aktionen mit dem Ball ausführen
Bewegungs-schnelligkeit ohne Ball	In Höchstgeschwindigkeit Bewegungen zyklischer oder azyklischer Art ausführen
Reaktions-schnelligkeit	Schnell reagieren auf überraschende Aktionen von Ball, Gegner, Mitspieler
Entscheidungs-schnelligkeit	Sich in kürzester Zeit für eine effektive Handlung aus der Vielzahl der Möglichkeiten entscheiden
Antizipations-schnelligkeit	Auf der Grundlage von Erfahrungs-wissen und aktueller Erkenntnis die Aktionen des Gegners/Mitspielers und die Spielentwicklungen voraus-ahnen
Wahrnehmungs-schnelligkeit	Durch die Sinne (v. a. Seh- und Hör-sinn) wesentliche Informationen zum Spielgeschehen schnell aufnehmen, verarbeiten und bewerten

(nach Weineck: *Optimales Fußballtraining*. Erlangen 1992, S. 378)

damit gerechtfertigt, daß die zeitweilige Trennung der Schnelligkeit in ihre Einzel-komponenten schon aus theoretischen, trainingsmethodischen und eventuell moti-vationalen Gründen angezeigt ist. Vor allem ist es durch das Wissen um die Einzel-fähigkeit und durch die Kenntnis der Verknüpfung derselben sehr wohl möglich, einzelne Teilschwächen zu erkennen und damit gezielt zu fördern. Denn erst das se-lektive Schnelligkeitstraining schafft die elementaren Grundvoraussetzungen für die Schulung der komplexen fußballspezifischen Leistungsfähigkeit unter wettkampfna-hen Bedingungen. Zum anderen ist ihr Einsatz auch deshalb angezeigt, weil die Ent-wicklung der Schnelligkeit gerade durch die Vielseitigkeit und den Abwechslungs-reichtum von Trainingsmethoden, Trainingsinhalten und Trainingsmitteln erst sichergestellt wird. Warum sollten also nicht auch die einzelnen Komponenten der

Schnelligkeit, nämlich die Fortbewegungs-, Bewegungs- und Handlungsschnellig-keit, bei entsprechender methodischer Aufbereitung parallel entwickelt werden kön-nen und anschließend im wettkampfmäßigen Training geschult werden?

Die Möglichkeiten der inhaltlichen Gestaltung von isolierten Sprintprogrammen sind recht groß. Dabei reicht der Fundus von zyklisch und azyklisch strukturierten Läufen, gespickt mit Stops und Richtungswechseln, über Läufe mit und ohne Ball, bis zu Läufen mit koordinativen Aufgaben oder Sprungvarianten. Selbst reine Reaktions- und Antrittsübungen machen gelegentlich Sinn und sind, in Pendel- oder Wen-destaffeln organisiert, recht motivierend und spaßbetont.

Prinzipien des Schnelligkeitstrainings

- Schnelligkeitstraining setzt eine intensive und umfassende Aufwärm- und Deh-nungsphase voraus.
- Effektiv ist das Training der Schnelligkeit nur im ermüdungsfreien Zustand. Damit steht das Schnelligkeitstraining am Anfang und nie am Ende einer Trainingsein-heit.
- Schnelligkeitstraining ist nur mit maximalem Tempo (100 %) nutzbringend.
- Neue Untersuchungen belegen, daß die überwiegende Zahl der Antritte im Fuß-ball unter 30 Metern liegen. Am häufigsten sind Sprints bis zu 5, am zweithäufig-sten bis zu 10 Metern gefordert. Diesen Erkenntnissen gilt es bei Festsetzung der Streckenlänge Rechnung zu tragen.
- Beim Training der Schnelligkeit ist auf das optimale Verhältnis von Belastung und Erholung zu achten. Kurze hochintensive Belastungen über 3 bis 5 Sekunden z. B. fordern eine (aktive) Erholung von etwa 1 bis 1,5 Minuten.
- Entsprechend den Spielanforderungen überwiegen im fußballspezifischen Schnel-ligkeitstraining die Reaktionen auf optische Signale (z. B. optische und taktile Zeichen durch den Trainer, Aktionen von Mit- und Gegenspielern etc.).
- Am Tag nach dem Wettspiel erfolgt kein Schnelligkeitstraining.
- Bei mehreren Trainingseinheiten täglich (z. B. in der Vorbereitungszeit) sollte kein intensives Schnelligkeitstraining absolviert werden, wenn in der Einheit zuvor schon intensiv trainiert wurde.
- Alle die Schnelligkeit beeinflussenden Faktoren wie Kraft, Beweglichkeit, Koordi-nation und Ausdauer (als Grundlage für eine gute Erholungsfähigkeit) gilt es adäquat mitzuentwickeln.

Ausdauer

Die Ausdauer wird im Sport ganz allgemein definiert als die psychische und physische Widerstandsfähigkeit gegen Ermüdung bei länger dauernden Belastungen und als die Fähigkeit zur schnellen Wiederherstellung der Leistungsfähigkeit nach Belastungen. Unter der Vielzahl der verschiedenen Ausdauerarten sind für den Fußballspieler insbesondere die allgemeine und die spezielle Ausdauer von Bedeutung.

Unter der *allgemeinen Ausdauer* versteht man die sportartunabhängige Form, also die *Grundlagenausdauer*. Die Grundlagenausdauer gewinnt im Fußball immer mehr an Bedeutung, weil anhand neuerer Untersuchungen belegt wurde, daß sich die Laufleistungen im Fußball seit den sechziger Jahren je nach Spielklasse verdoppelt, wenn nicht sogar verdreifacht haben. Eine gute Grundlagenausdauer gewährleistet einem Spieler nicht nur eine längere und intensivere Beteiligung am Spielgeschehen und eine bessere Handlungs- und Reaktionsschnelligkeit, sondern auch eine schnellere Erholungsfähigkeit während des Spiels wie auch nach Training und Wettkampf.

Die *spezielle Ausdauer*, auch *Schnelligkeitsausdauer*, wird in vielfacher Hinsicht von der allgemeinen Ausdauer beeinflußt. Sie stellt trotzdem eine eigenständige Größe dar und wird durch spezielle Trainingsmethoden und -inhalte entwickelt. Eine gut entwickelte spezielle Ausdauer ermöglicht das «Wegstecken» der in unregelmäßigen Abständen folgenden Laufbelastungen, explosiven Sprints, Sprüngen, Dribblings und Zweikämpfen.

Prinzipien für das Ausdauertraining

- Die Grundlagenausdauer, die durch ein umfangbetontes Ausdauertraining erarbeitet wird, bildet die Basis für die spezielle Ausdauer. Bei der Verbesserung der Ausdauerleistungsfähigkeit im Fußball muß folglich immer erst die Grundlagenausdauer und dann die spezielle Ausdauer entwickelt werden, weil sie die Voraussetzung für intensive Belastung und eine rasche Wiederherstellung nach derartigen Belastungen schafft.
- Bei der besonders im Amateurbereich stark begrenzten Trainingszeit sollte das Ausdauertraining nicht die technisch-taktische Ausbildung einschränken. Hier lassen sich durchaus Kompromisse schließen, denn zum einen kann man Ausdauerläufe auf dem Platz auch mit Ball durch entsprechend gesteckte Parcours bestreiten, zum anderen kann man auch gruppenteilig arbeiten, indem zwei Parteien in einer ausdauerfördernden Spielform aufeinandertreffen und eine weitere Partei in der verbleibenden Spielhälfte einen Ausdauerlauf mit oder ohne Ball absolviert.
- Reine Ausdauerläufe, die in höheren Spielklassen praktisch unverzichtbar sind, sollten abwechslungsreich gestaltet werden (mit/ohne Ball, mit/ohne Hindernis, mit/ohne Bewegungsaufgaben).

- Der größeren Effektivität und der Individualisierung wegen ist es empfehlenswert, die «Sprintertypen» und die «Ausdauertypen» aufgrund ihrer individuellen Belastbarkeit in mehreren gleichstarken Gruppen laufen zu lassen.
- Ein obligatorisches Auslaufen am Ende der Trainingseinheit kann trainingswirksame Reize im Sinne der Verbesserung der Grundlagenausdauer leisten.
- Der Erhalt der Grundlagenausdauer könnte auch über Hausaufgaben in Form eines Heimtrainings geleistet werden.
- Das durch ein gezieltes Training erreichte Niveau der Grundlagenausdauer gilt es ganzjährig über ein sogenanntes «Erhaltungstraining» zu konservieren. Dazu bedarf es einmal wöchentlich einer etwa 30 bis 40 Minuten dauernden aeroben Trainingssequenz.
- Bei der Wahl adäquater Methoden und Inhalte bieten sich zur Erarbeitung der Grundlagenausdauer die Dauermethode bei Pulswerten zwischen 150 und 170 Schlägen in der Minute, die extensive Intervallmethode und Spielformen ab 5:5 (und höher) an.
- Für den Erwerb der speziellen Ausdauer (fußballspezifisch) eignen sich neben der intensiven Intervallmethode die Spielmethode mit Spielen im Bereich 1:1, 2:2 oder 3:3.

Koordination

Allgemein versteht man unter Koordinationstraining das Zusammenwirken von Sinnesorganen, Nervensystem und Muskulatur innerhalb eines gezielten Bewegungsablaufs. Auf das Fußballspiel bezogen, beinhaltet Koordination die Fähigkeit, fußballspezifische Situationen ökonomisch, sicher und schnell zu lösen. Dazu gehören beispielsweise konkrete Fähigkeiten wie das richtige Berechnen und Verwerten von Flanken (Timing), die Kopplung verschiedener Techniken durch fließende Bewegungsübergänge oder das Auffangen nach einem Sturz durch eine gekonnte Abrollbewegung. Gelingt dies, so spricht man häufig von einem «harmonischen», «flüssigen» oder «runden» Bewegungsablauf. Zwar entwickelt sich die Koordinationsfähigkeit von Fußballspielern durch das Spiel an sich bis zu einem gewissen Niveau quasi von selbst, doch dessenungeachtet ist es angezeigt, immer wieder ein gezielt durchgeführtes Koordinationstraining zusätzlich einzustreuen. Dies bedeutet, die einzelnen Faktoren der Handlungs- und Bewegungssteuerung in Übungs- und Spielformen bewußt zu fördern. Das geschieht durch spezielle Aufgabenstellung im Sinne der einzelnen *koordinativen Fähigkeiten: Orientierungsfähigkeit, Differenzierungsfähigkeit, Kopplungsfähigkeit, Reaktionsfähigkeit, Rhythmusfähigkeit* und *Gleichgewichtsfähigkeit.*

Das Koordinationstraining basiert damit auf einer angemessenen Entwicklung der allgemeinen Grundfertigkeiten wie z. B. Laufen, Hüpfen, Springen oder Drehen. Sind diese Fertigkeiten unterentwickelt, so müssen sie besonders geschult werden. Darüber hinaus erfolgt das Koordinationstraining in Zusammenhang mit dem Techniktraining.

Koordination zu trainieren bedingt eine Methode, die Möglichkeiten schafft, um Übungsformen bewußt zu variieren sowie im Sinne einer zunehmenden Komplexität zu kombinieren. Außerdem erhöht sich die koordinative Schwierigkeit bei allen Übungs- und Spielformen durch engere Räume, schnelleres Spiel (begrenzte Ballkontakte), verstärkten Gegnereinsatz, Pressing usw.

Prinzipien des Koordinationstrainings

- Das Koordinationstraining des Fußballers ist im wesentlichen in das Techniktraining integriert. Hierzu zählen alle Formen des Jonglierens, des Ballführens und Fintierens in Einzel- oder Partnerform. Auch Ballführungsformen, mit bestimmten Bewegungsaufgaben kombiniert (z. B. Ballführung – Drehung um die eigene Achse / Rolle vorwärts usw. – erneuter Ballkontakt …), eignen sich zur Schulung der Koordination. Überdies sind rein koordinativ akzentuierte Laufprogramme ebenso effektiv wie Zweikampfübungen im Spiel 1 : 1, schnelle Torschußkombinationen oder ein Parteiballspiel in verengten Räumen.
- Das Training der Koordination setzt einen ermüdungsfreien Zustand voraus, folglich wird es im ersten Drittel einer Trainingseinheit anberaumt.

Die Anwendungsmöglichkeiten der Kurzprogramme

Kurzprogramme zur Gestaltung der Aufwärmphase

Die Kurzprogramme zu den Themen «Technik» oder «Koordination» bieten sich ganz besonders für die Gestaltung der Aufwärmphase an. So ist es vor allem im Amateur- oder Jugendbereich, wo trotz weniger Trainingseinheiten eine Menge an Trainingsinhalten aufzuarbeiten sind, vorteilhaft und ökonomisch, wenn die Aufwärmarbeit mit der Technikschulung verknüpft wird. Das folgende Beispiel, das sogar noch mit koordinativen Elementen kombiniert ist, veranschaulicht dies nachhaltig.

Beispiel

Dosierung
2 Min. pro Übung, d. h. nach 1 Min. Aufgabenwechsel

Geräte
Paarweise 1 Ball
4 Hütchen

Aufgabenbeschreibung

Die Trainingsteilnehmer finden sich partnerweise zusammen. Jedes Paar ist im Besitz eines Balles. Alle Spieler bewegen sich in einem abgesteckten Quadrat, das bei 16 Teilnehmern etwa die Größe 25 × 25 Meter hat. Jedes Paar läuft unabhängig voneinander im abgegrenzten Raum. Die Spieler A bewegen sich ohne Ball entsprechend der Vorgabe, die Spieler B sind im Ballbesitz und führen die balltechnischen Übungen aus. Die Aufgabenstellungen mit und ohne Ball ähneln sich. Auf Zeichen des Trainers wechselt der Ball zum Partner und damit die Aufgabenstellung.

Spieler A ohne Ball	Spieler B mit Ball
1. Lockerer Trab im abgesteckten Feld	Beliebiges Ballführen
2. Seitgalopp (auch Sidesteps genannt)	Seitliche Fortbewegung, dabei wird der Ball mit der Sohle ständig zum Standbein herangezogen

3. Aus dem Trab werden wechselweise kurze Drehungen (links bzw. rechts weg) um die eigene Achse vollzogen	Aus dem Führen des Balles gilt es (eventuell nach einer Schußfinte) enge Drehungen per Innen- oder Außenseite um die eigene Achse mit Ball zu vollziehen
4. Rückwärtslauf	Rückwärtsführen des Balles durch wechselweises Nachziehen des Balles mit der linken und rechten Sohle
5. Aus dem Trab werden in beliebigen Abständen Sprünge zum simulierten Kopfball aus dem einbeinigen Absprung absolviert	Der Ball wird per Kopf jongliert
6. Aus dem Lauf werden Scheinfinten gemacht, z. B. links antäuschen – rechts weglaufen	Beliebige oder vorgegebene Finten (z. B. Übersteiger) üben
7. Wechsel zwischen Anfersen und Kniehebelauf	Beliebiges Jonglieren des Balles in der Fortbewegung

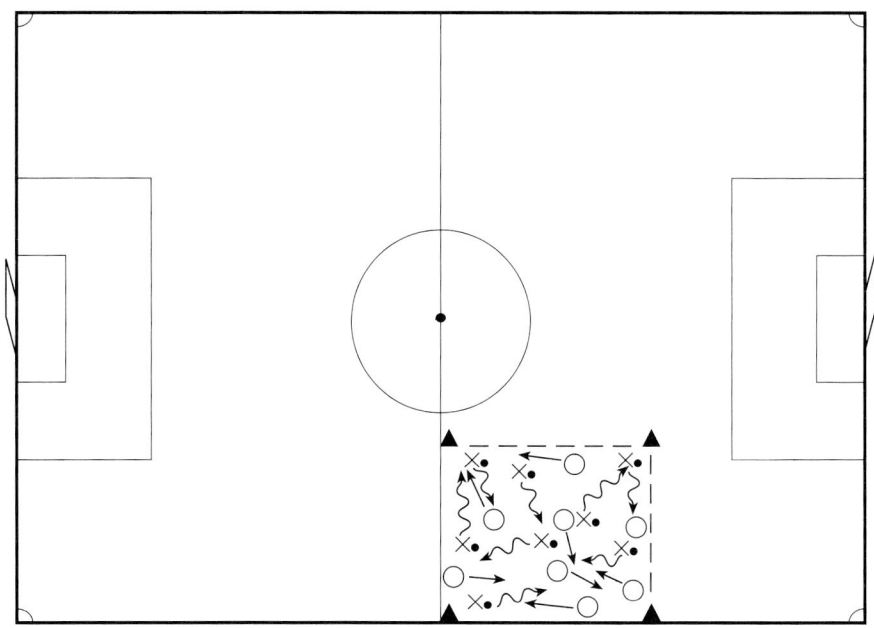

Kurzprogramme als Ergänzung des spielorientierten Trainings

Im Rahmen eines spielorientierten Trainings, das im Hauptteil z. B. zwei Durchgänge einer speziellen Spielform im 8:8-Spiel in einer Spielhälfte vorsieht, könnte der Aufwärm- und Dehnungsphase dann ein Sprintprogramm folgen. Nach einer adäquaten Erholungsphase im Anschluß an den 1. Durchgang der Spielform wird ein Kurzprogramm zum Thema Sprungkraft eingestreut, das aufgrund der Dosierung einer Schulung der Kraftausdauer entspricht. Dem 2. Durchgang der Spielform schließt sich eine erneute Dehn- und Lockerungsphase an. Abschließend wäre es denkbar, nach einer weiteren aktiven Pause mit einem Kurzprogramm zum Thema «Ausdauer» das Training sinnvoll und effektiv abzurunden.

Beispiel

Aufwärmphase
Vergleiche «Kurzprogramme in der Aufwärmphase»

Dehnungsphase

Sprintprogramm (1)
Das Sprintprogramm erfolgt in Form eines Sprintparcours. Dazu umtraben die Spieler in Partnerform die Spielfeldhälfte, um an drei Seiten verschieden lange Strecken zu durchsprinten. Die vierte Seite wird gehend zurückgelegt, um den Puls wieder entsprechend abzusenken. Die Spielerpaare durchlaufen den Parcours 3 bis 4mal. Die Strecken werden wie folgt abgesteckt:
1a) Strecke 10 Meter
1b) Strecke 5 Meter
1c) Strecke 20 Meter

Spielform – 1. Durchgang (2)
2 Teams (6:6 bis 8:8) stehen sich in einer Spielfeldhälfte gegenüber, die durch ein tragbares Tor begrenzt wird. Bei größerer Spieleranzahl wird das Feld entsprechend vergrößert. Beide Tore sind durch Torhüter besetzt. Das Spielfeld wird in 3 Längszonen unterteilt, wobei die Außenzonen möglicherweise bis auf 10 Meter Breite reduziert sein können.
Der Spielgedanke besteht darin, das Flügelspiel zu forcieren, indem die Spieler in der Mittelzone 3 Ballkontakte auferlegt bekommen, während in den Außenzonen freies Spiel gewährt wird. Die Spielzeit beträgt 12 bis 15 Minuten.

Dehnungs- und Lockerungsphase

Kurzprogramm zur Verbesserung der Kraftausdauer und der Sprungkraft (3)

2 Reihen mit je 8 Sprungseilen werden im Abstand von etwa 1,5 Metern der Länge nach auf dem Boden ausgelegt. Ungefähr 10 Meter davor bzw. dahinter ist jeweils ein Hütchen plaziert.

Die Spieler, die sich hintereinander aufreihen, üben im Strom. Von den vorgegebenen Übungen werden jeweils zwei Durchgänge absolviert, wobei nur ein Weg für die Belastung vorgesehen ist, der Rückweg von Hut zu Hut erfolgt jeweils im lockeren Trab.

Teil 3 d)

- Schnelles Durchlaufen der Seilchen im Slalom
- Zügiges Durchlaufen des Slalomparcours im Seitgalopp
- Wechselnder Vorwärts- und Rückwärtslauf an jedem Seil
- Trabender Slalom, wobei an jedem Seilende ein Anhocksprung vollzogen wird
- Trabender Slalom, mit Strecksprüngen aus der rechtwinkligen Hocke an den Seilenden

Teil 3 e)

Die hintereinanderliegenden Seile werden slalomartig durchlaufen, indem folgende Sprünge über die Seile stattfinden:

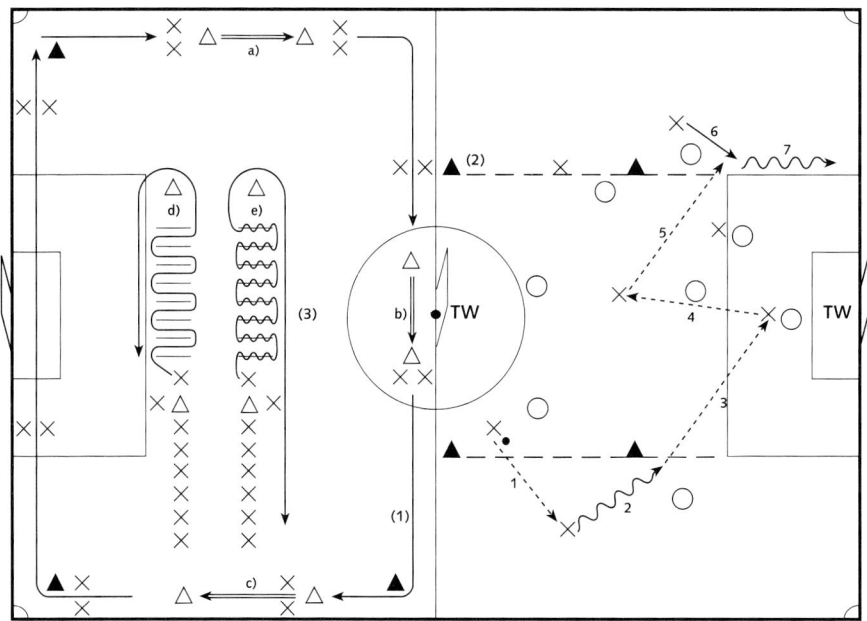

- Zickzacksprünge im Schlußsprung
- Zickzacksprünge im Einbeinsprung links
- Zickzacksprünge im Einbeinsprung rechts
- Schlittschuhsprünge (links abdrücken – rechts landen und wieder abdrücken)

Dehnungs- und Lockerungsphase

Spielform – 2. Durchgang (1)
Die Spielform des 1. Durchgangs wird von ihrer Grundidee her beibehalten. Allerdings erfolgt die Vorgabe, daß, wenn ein Paß von der Mittel- in die Außenzone gespielt wird …

(a) der angespielte Spieler mit Ball sofort die Außenzone in Richtung Mittelzone verläßt
(b) der Paßgeber hinterherläuft
(c) der Dribbelnde dann den Hinterlaufenden unmittelbar anspielen muß oder kann oder
(d) einen Paß zu einem vor ihm postierten 3. Spieler spielt, der dann schließlich den Hinterlaufenden anspielt

Dehnungs- und Lockerungsphase

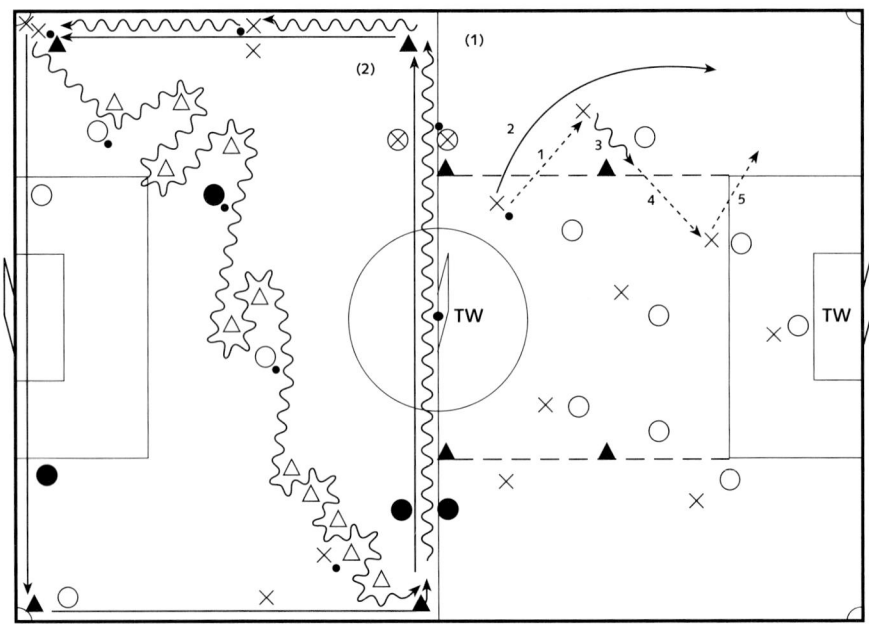

Kurzprogramm zur Ausdauerschulung (2)

Eine Spielhälfte wird in ihren Ecken mit Hütchen markiert. Diagonal über das Halbfeld ist ein Slalomparcours erstellt, der sich aus einem unregelmäßigen Slalom (mit 4 Hütchen), einem Hütchentor und einem regelmäßigen Slalom (4 bis 6 Hütchen) zusammensetzt.

Je zwei Partner durchlaufen den Parcours wechselweise, d. h., ein Partner läuft 2 Ecken ohne Ball ab, während sein gleichzeitig beginnender Partner das Feld diagonal durchdribbelt, um am Ende der Slalomstrecke annähernd gleichzeitig mit seinem Pendant an dieser Ecke zusammenzutreffen. Dort erfolgt ein Austausch des Balles; im zügigen Ausdauertempo wird um die folgenden Ecken gelaufen, bis sich die Wege erneut trennen, nun mit getauschten Aufgaben. Die Belastungsdauer beträgt zwischen 8 und 12 Minuten. Der Dribbelparcours ist so abzustecken (bzw. während des Laufs abzuändern), daß die Spieler ohne Ball ein forciertes Tempo laufen müssen.

Dehnungs- und Auslaufphase

Gruppenteilige Arbeit mit Spielformen und Kurzprogrammen (Stationsbetrieb)

Hier wird im Rahmen eines Stationsbetriebs gruppenteilig gearbeitet, d. h., während beispielsweise 2 oder 4 Teams in Spielen mit gezielten taktischen Schwerpunkten aufeinandertreffen, absolvieren weitere Gruppen ein konditionell akzentuiertes Kurzprogramm. Nach Ablauf der Spiel- bzw. Übungszeit wechseln die Gruppen im Anschluß an eine aktiv gestaltete Pause die Aufgaben. Ein Abschlußspiel mit anschließendem Auslaufen läßt das Training abgerundet ausklingen.

Beispiel

Aufwärm- und Dehnungsphase

Evt. Sprint- und anschließendes Torschußtraining

Taktische Spielformen 3:3 gepaart mit Kurzprogrammen (Stationstraining)

1. Station

3 Hütchentore, über die Strafraumbreite erstellt, begrenzen das Spielfeld auf etwa 20 bis 25 Meter. Das Tor ist durch einen Torwart besetzt. Die mit dem Torhüter spielende Partei erhält die Auflage, mit 3 Kontakten zu spielen, während dem Team, das die Hütchentore verteidigt, freies Spiel gewährt wird. Im Tor und neben den Hütchentoren liegen genügend Ersatzbälle parat.

2. Station Kurzprogramm: Lauf ohne Ball

Ein Viereck von 40 x 15 Metern wird auf einer Schmalseite durch 2 Hütchen in 3 x 5-Meter-Strecken unterteilt. Der Umlauf des Vierecks erfolgt in der Form, daß …

a) die 1. Längsseite getrabt wird,

b) die 1. Schmalseite durchsprintet wird,

c) die 2. Längsseite wieder durchtrabt wird und

d) die 2. Schmalseite im Sprint zum 1. Hütchen zurück, im Sprint zum 2. Hütchen zurück, im Sprint zum 3. Hütchen zurückgelegt wird, um dann ohne Rückweg erneut die Längsseite zu durchtraben.

3. Station

6 Spieler stehen sich im 40 x 25 Meter großen Spielfeld im 3 : 3-Spiel gegenüber. Das mit dem Torhüter agierende Team spielt unter Einbeziehung des Torwarts (Rückpaßregel!) bei 3 Kontakten auf Ballhalten, die Gegenpartei spielt im freien Spiel auf Torerfolg.

4. Station

Ein Sprungparcours, aus Bällen und Hütchen zusammengestellt, erstreckt sich über eine Strecke von etwa 40 bis 45 Metern. Dabei gilt es, 6 relativ eng abgelegte Bälle im Einbeinsprung links und anschließend 6 weitere Bälle mit dem rechten Bein zu überspringen. Danach werden 6 enggesteckte Hütchen im Schlußsprung überwunden, bevor eine durch 2 Hütchen markierte 12-Meter-Distanz im Laufsprung zurückgelegt wird. Der Weg zurück erfolgt trabend. Zwischen den einzelnen Sprungaufgaben sind kurze Trabstrecken von 5 Metern eingebaut.

Wechselmodus und Dosierung des Stationstrainings:

Auf eine Laufstation folgt eine Spielstation, von den Spielstationen rückt jeweils eine Mannschaft weiter, für das im Feld verbleibende Team wechselt die Aufgabe. Jeder Durchgang dauert 3 Minuten, dazwischen wird 2 Minuten getrabt bzw. gedehnt. Es werden 1 bis 2 Durchgänge absolviert.

Abschlußspiel mit Auslaufen

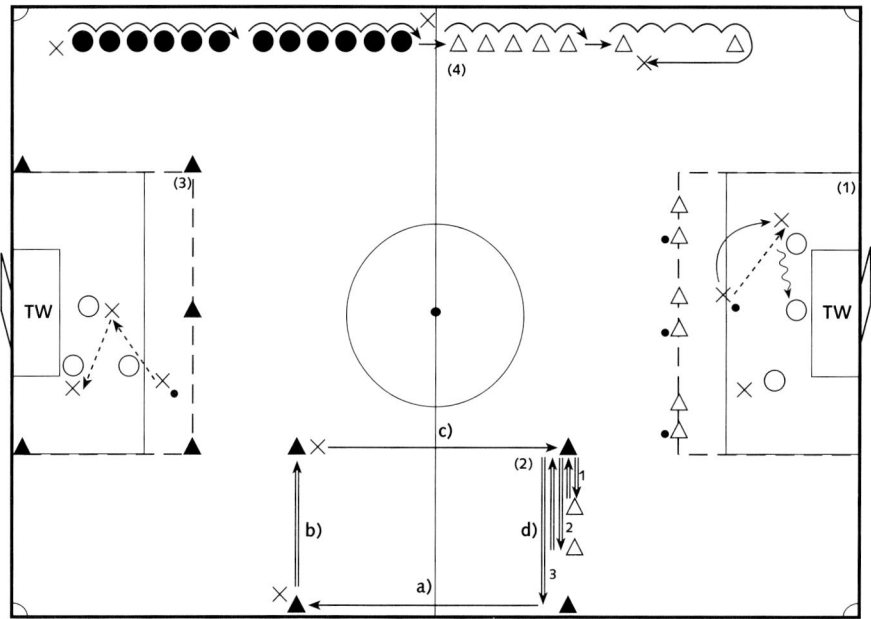

Stationsbetrieb nur aus Kurzprogrammen

Bei genügend Trainingseinheiten pro Woche (z. B. während der Vorbereitungsperiode) ist es durchaus vertretbar, eine Trainingseinheit auch einmal mit einem separaten Ausdauertraining zu gestalten. Dabei wäre es sinnvoll, ein in der Aufwärmphase herangezogenes technisch akzentuiertes Kurzprogramm so zu dosieren, daß dieser Teil schon ausdauerspezifisch ausgelegt ist. Im darauffolgenden Trainingsabschnitt wird dann gruppenteilig an zwei oder drei Stationen (mit und ohne Ball) abermals im Ausdauerbereich gearbeitet.

Wie nahezu jede Trainingseinheit endet auch dieses Training mit einem Abschlußspiel und dem obligatorischen Auslaufen und Dehnen.

Beispiel

Aufwärm- und Dehnungsphase

Stationsbetrieb in Form von Kurzprogramm

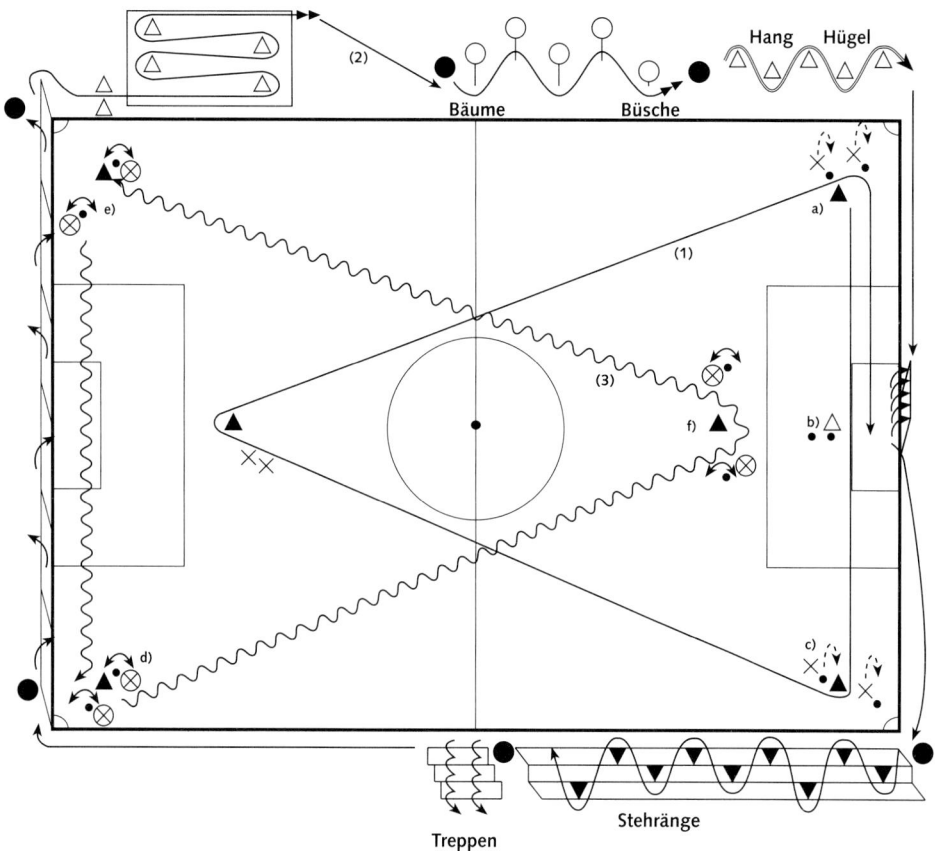

Die Trainingsteilnehmer (in diesem Beispiel 18 Spieler) werden in 3 Sechsergruppen aufgeteilt, die sich auf die nachfolgenden 3 Stationen verteilen.

Auf dem Spielfeld werden zunächst 2 Dreiecke abgesteckt, deren jeweilige Spitzen an den Sechzehnmeterlinien, die beiden Eckpunkte nahe der Eckfahnen liegen.

Die Spieler, in gleichgroße Gruppen aufgeteilt, durchlaufen pro Durchgang jeweils nur ein Dreieck.

1. Station

Das Dreieck dieser Station wird auf der Strecke zwischen den Eckfahnen durch ein weiteres Hütchen (in der Mitte des Fünfmeterraumes) halbiert. Mit den auf dieser Seite bereitliegenden Bällen wird am …

1. Hütchen 10- bis 15mal per Kopf (a), am

2. Hütchen 10- bis 15mal per Oberschenkel (b) und am

3. Hütchen 10- bis 15mal per Fuß (c) jongliert.
Bevor am folgenden Hütchen die nächste Jongliervorgabe absolviert wird, sollen die Spieler allerdings immer erst eine Runde um die gegenüberliegende Dreiecksspitze in hohem Ausdauertempo laufen.

2. Station

Das einen Sportplatz umgebende Gelände und mögliche Einrichtungen werden hier exemplarisch in einen Lauf miteinbezogen, der damit zu einem «Geländelauf» wird.
- Überqueren/Unterqueren der Barriere entlang einer Spielfeldbreite,
- 5 Hütchen in einer Sandgrube werden steigernd umlaufen,
- 4 bis 5 Büsche (Bäume) sind im Steigerungslauf zu umkurven,
- an einer Anhöhe sind 5 versetzt stehende Hütchen (Trikots) als Slalomkurs zu durchsprinten; vor allem auf den ansteigenden Strecken gilt es zu beschleunigen,
- an einem Tor (an beiden Toren) oder an einem beweglichen Tor ist aus dem Lauf 6- bis 8mal mit beiden Händen die Latte zu berühren,
- Stehränge werden durch Hütchen markiert, im Slalom wird hoch und abwärts in beschleunigendem Tempo gelaufen,
- Treppen können im Schlußsprung oder Einbeinsprung absolviert werden, der Lauf abwärts erfolgt im Trab.
- Die Strecken zwischen den Aufgaben werden stets trabend absolviert.

Der Phantasie, andere Geräte oder geographisch bedingte Gegebenheiten miteinzubeziehen, sind keine Grenzen gesetzt. Achtung: Das Geläuf um den Sportplatz darf keine verletzungsträchtigen Mulden oder Löcher aufweisen.

3. Station

Das zweite Dreieck wird in dribbelnder Weise abgelaufen. Dazu ist jeder Spieler im Besitz eines Balles, den er von Ecke zu Ecke führt. Dort trainieren die Spieler ihre Sprungkraft. So werden an der …

1. Ecke 10 Schlußsprünge (d) über den ruhenden Ball gemacht, an der
2. Ecke 6 Einbeinsprünge (e) links und dann rechts absolviert und an der
3. Ecke 10 Schlittschuhsprünge (f), auch Umsteigesprünge genannt (seitliche Sprünge über den Ball, links abdrücken, rechts landen – rechts abdrücken, links landen – links abdrücken …), absolviert.

Dosierung des Stationstrainings:

Die Spieler verbleiben zwischen 8 und 10 Minuten an jeder Station. Für den Stationswechsel und eine kurze Dehnungsphase oder Trinkpause werden max. 1,5 Minuten eingeräumt.

Abschlußspiel mit Dehnungs- und Auslaufphase

Kurzprogramme zur Individualschulung

Viele der aufgeführten Kurzprogramme sind auch zur Gestaltung eines Individualtrainings in den unterschiedlichsten Bereichen denkbar. So ist es beispielsweise nicht selten, daß ein Spieler nach Verletzung oder Urlaub an das (konditionelle) Niveau der Mannschaft separat oder durch ein zusätzliches Training heranzuführen ist. Das folgende Beispiel soll veranschaulichen, wie ein Spieler nach einer Verletzung (hier z. B. des Kapsel-Band-Apparates im Sprunggelenk) durch ein gezielt ausgerichtetes Training in Form eines Kurzprogramms die Muskulatur auftrainiert, um den gelockerten Bandapparat, aber auch die Fuß- und Wadenmuskulatur gezielt zu stärken.

Beispiel

Sprungkrafttraining mit dem Ball

Aufgaben:
1. Wechselsprünge auf den Ball, indem abwechselnd die Fußsohlen des rechten und des linken Beines den Ball berühren.
2. Anschlagsprünge über den Ball. Ausgangspunkt ist der Grätschstand, der Ball liegt zwischen den Füßen. Beim gleichzeitigen Abdruck beider Füße zum Sprung berühren sich die Fußinnenseiten über dem Ball.
3. Umsteigesprünge (auch Sidesteps oder Schlittschuhsprünge genannt) über den Ball: mit einem Bein abspringen, auf dem anderen Bein landen und gleich wieder zum Sprung abdrücken.
4. Schlußsprünge mit geschlossenen Beinen seitlich über den Ball.
5. Halbe Drehsprünge über dem Ball. Ausgangspunkt ist der Grätschstand. Der Ball liegt zwischen den Füßen. Indem die Beine gleichzeitig vom Boden abgedrückt werden, erfolgt in der Luft eine Drehung um 180 Grad mit anschließend weicher Landung.
6. Einbeinsprünge rechts–links seitlich über den Ball.

Dosierung des Sprungkrafttrainings:
Jede Übung wird zwischen 20- und 30mal absolviert. Je nach Trainingsstand und Trainingsziel sind 1 bis 3 Durchgänge denkbar.

Die Durchführung der Kurzprogramme

Grundlegende Hinweise

Bei der Anwendung der nachfolgend vorgestellten Kurzprogramme sollten einige grundlegende Hinweise beachtet werden, um einen angemessenen und letztendlich erfolgreichen Einsatz zu gewährleisten.

- Alle Kurzprogramme setzen eine umfassende Erwärmung voraus.
- Die angeführten Strecken, Räume, Parcours etc. sind nicht strikt verbindlich. Sie dienen als Anhaltspunkte und richten sich nach der konditionellen Zielsetzung, dem Trainingszustand der Spieler, den zur Verfügung stehenden Geräten (Mut zur Improvisation!) und auch nach den räumlichen Verhältnissen (z. B. könnte nur ein halber Platz zur Verfügung stehen …).
- Verstehen Sie diese Programme nicht als «Rezept», dem nichts hinzugefügt oder bei dem nichts weggelassen werden darf. Jedes Team hat ein unterschiedliches Leistungsniveau und einen anderen Trainingszustand. Haben Sie Mut, diese Programme zu variieren und zu kombinieren. Seien Sie kreativ, und fügen Sie ruhig neue Übungen hinzu.
- Auch die angegebenen Belastungs- und Erholungszeiten sind nur als Orientierungshilfe zu verstehen. Sie können jederzeit verändert werden.
- Der Punkt «Geräte» geht von optimalen Verhältnissen aus. Bei den Markierungshütchen z.B. dient die angegebene Zahl vor allem der besseren Veranschaulichung des Parcours oder der Stationen auf der Skizze. Oft kommt man mit weniger Hütchen aus. So lassen sich Hütchen auch durch (Medizin-)Bälle oder Leibchen ersetzen, damit die wenigen zur Verfügung stehenden Hütchen den Sprungübungen vorbehalten bleiben. Als Ersatz für die in den Programmen aufgeführten Hürden können schon einmal die eventuell eher vorhandenen «Bierbänke» dienen.
- Im Abschnitt «Trainingsschwerpunkte» erscheint mehrfach der Begriff «Fußballspezifische Ausdauer». Diesen Terminus, der die aerobe, aber auch die anaerobe Ausdauer einschließt, benutze ich deshalb, weil die Ausdauerfähigkeit eine konditionell-energetische Fähigkeit darstellt, die den Spieler einerseits befähigt, ständig wiederkehrende, intensive Belastungen zu ertragen, und auf der anderen Seite auch in die Lage versetzt, Regenerationsabläufe zu beschleunigen.
- Die Rubrik «Anzahl der Spieler / Gruppierung» gibt Aufschluß darüber, wie viele Spieler in welcher Gruppengröße an diesem Programm teilnehmen können. Das Stichwort «beliebig» bedeutet in diesem Zusammenhang, daß dieses Programm jede Zahl von Teilnehmern zuläßt; «einzeln» heißt, daß die Spieler für sich allein arbeiten und eben nicht partnerweise.

- Die Überschrift «Anwendung» gibt Auskunft darüber, in welcher Form die Programme genutzt werden können: entweder als Kurzprogramm zur Beschäftigung aller Spieler gleichzeitig bzw. einzeln oder zur gruppenteiligen Arbeit im Stationsbetrieb. Oft sind beide Anwendungsformen möglich.
- Nutzen Sie den unter der Spalte «Anmerkung» verbleibenden Platz für eigene Notizen, indem Sie eventuell Übungen abändern oder durch eigene Ideen ergänzen.

Zeichenerklärung

Personensymbole

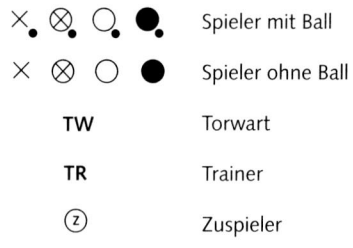

✕ ⊗ ○ ●	Spieler mit Ball
✕ ⊗ ○ ●	Spieler ohne Ball
TW	Torwart
TR	Trainer
ⓩ	Zuspieler

Symbole mit Ball

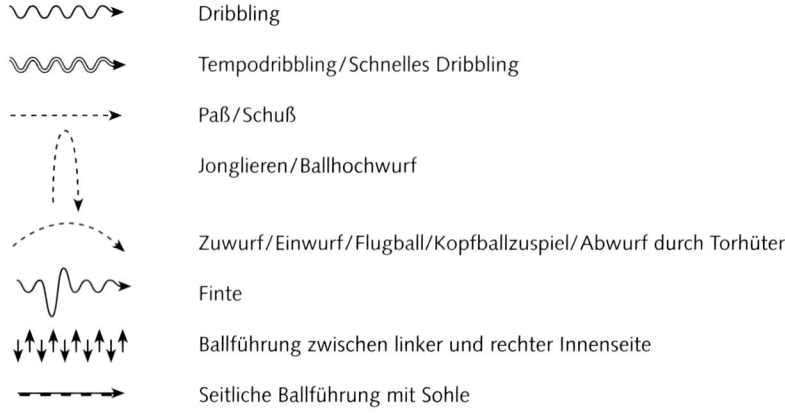

	Dribbling
	Tempodribbling/Schnelles Dribbling
	Paß/Schuß
	Jonglieren/Ballhochwurf
	Zuwurf/Einwurf/Flugball/Kopfballzuspiel/Abwurf durch Torhüter
	Finte
	Ballführung zwischen linker und rechter Innenseite
	Seitliche Ballführung mit Sohle

Lauf- und Sprungsymbole

Symbol	Beschreibung
	Laufweg ohne Ball
	Simulierte Finte/Körpertäuschung ohne Ball
	Drehung um die eigene Achse
	Rolle vorwärts
	Sprint
	Steigerungslauf/Forcierter Lauf/Schnelles Tempo
	Rückwärtslauf
	Rückwärtssprint
	Fußgelenkarbeit
	Seitgalopp
	Seitgalopp rückwärts im Zickzackkurs
	Anfersen
	Kniehebelauf
	Simulierte Kopfbälle
	Sprungform(en) in der Fortbewegung (Lauf-, Schluß-, Anhock-, Einbein-, Umsteigesprünge)
	Sprungform(en) auf der Stelle
	Sprünge über Ball/Hütchen
	Skipping
	Hochfrequenzläufe

Sonstige Symbole

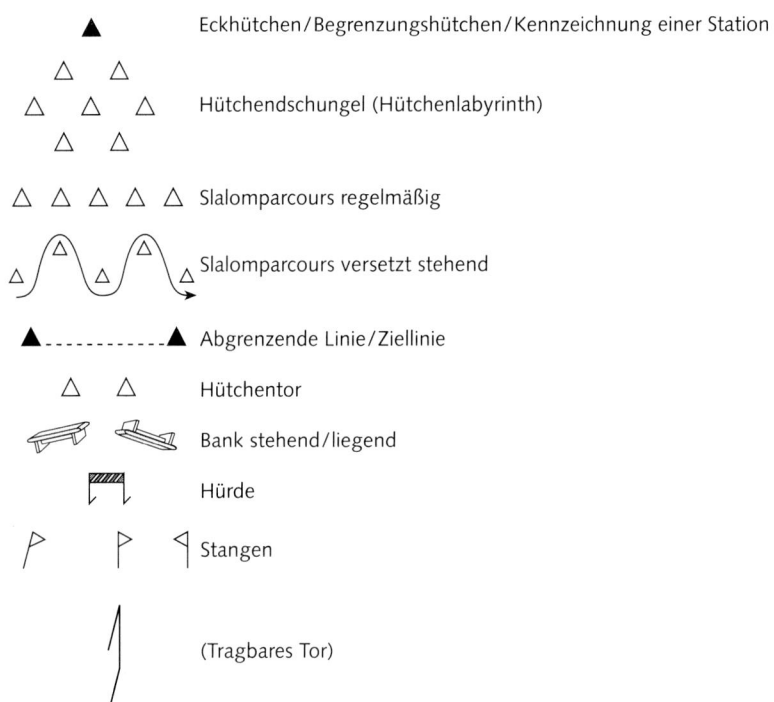

Eckhütchen/Begrenzungshütchen/Kennzeichnung einer Station

Hütchendschungel (Hütchenlabyrinth)

Slalomparcours regelmäßig

Slalomparcours versetzt stehend

Abgrenzende Linie/Ziellinie

Hütchentor

Bank stehend/liegend

Hürde

Stangen

(Tragbares Tor)

Fotoübersicht

Wichtige Lauf- und Koordinationsformen

Fußgelenksarbeit

Seitüberkreuzläufe

Kniehebelauf

Überkreuzlauf

Hopserlauf

Anfersen

Skipping

Wichtige Sprungformen

Schlußsprung

Anschlagsprung (a)

Anschlagsprung (b)

Umsteigesprung (a)

Umsteigesprung (b)

Hochstrecksprung (a)

Hochstrecksprung (b)

Einbeinsprung

Hampelmannsprung

Anhocksprung

Laufsprung

Die Kurzprogramme

Kurzprogramme Technik

FINTIEREN IM QUADRAT

Anzahl der Spieler / Gruppengröße

Beliebig　　　　　　　Einzeln

Geräte

4 Hütchen
Pro Spieler 1 Ball

Anwendung

Kurzprogramm

Trainingsschwerpunkt

Verbesserung der Grundlagenausdauer,
des Dribbelns und Fintierens

Dosierung

Pro Vorgabe 1,5 bis 2 Min.

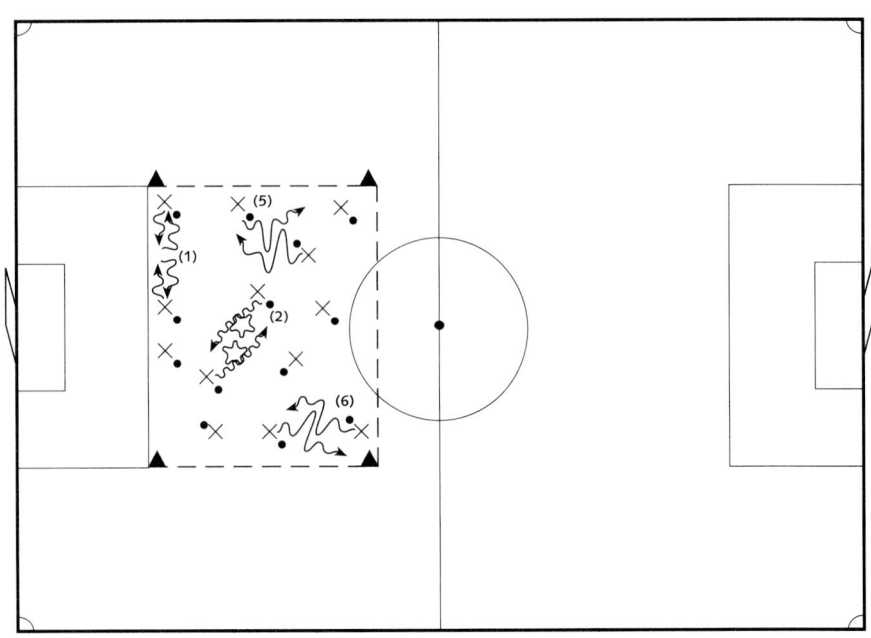

AUFGABENBESCHREIBUNG

Jeder Spieler ist im Besitz eines Balles. In einem Hütchenquadrat von etwa 25 x 25 Metern (bis 40 x 40 Meter, je nach Anzahl der Teilnehmer) dribbeln alle Spieler beliebig durcheinander. Dabei dribbeln die Spieler immer wieder bewußt aufeinander zu (Blickkontakt!), um dann in einer Entfernung von etwa 2 bis 3 Metern vor dem jeweils entgegenkommenden (wechselnden) Partner gleichzeitig die angeführten Anweisungen bzw. Finten zu vollziehen:

1. Ball mit der Sohle antippen (stoppen) und in entgegengesetzte Richtung dribbeln.
2. Schußfinte und Drehung per Innenseite um die eigene Achse.
3. Schußfinte und Drehung mit Ball per Außenseite um die eigene Achse.
4. Links antäuschen und rechts wegdribbeln (deutliche Gewichtsverlagerung).
5. Rechts antäuschen und links wegdribbeln (deutliche Gewichtsverlagerung).
6. Übersteiger – rechts angetäuscht
            – links angetäuscht.
7. Doppelter Übersteiger (rechts/links angetäuscht und schließlich zur rechten Seite weg).

(A)NMERKUNG, (V)ARIATION

HÜTCHENLABYRINTH

Anzahl der Spieler / Gruppengröße
Beliebig   Einzeln

Geräte
Bälle und Hütchen entsprechend der
Teilnehmerzahl

Anwendung
Kurzprogramm

Trainingsschwerpunkt
Verbesserung der Grundlagenausdauer,
der Technik,
des Fintierens

Dosierung
Pro Übung 1,5 bis 2 Min.

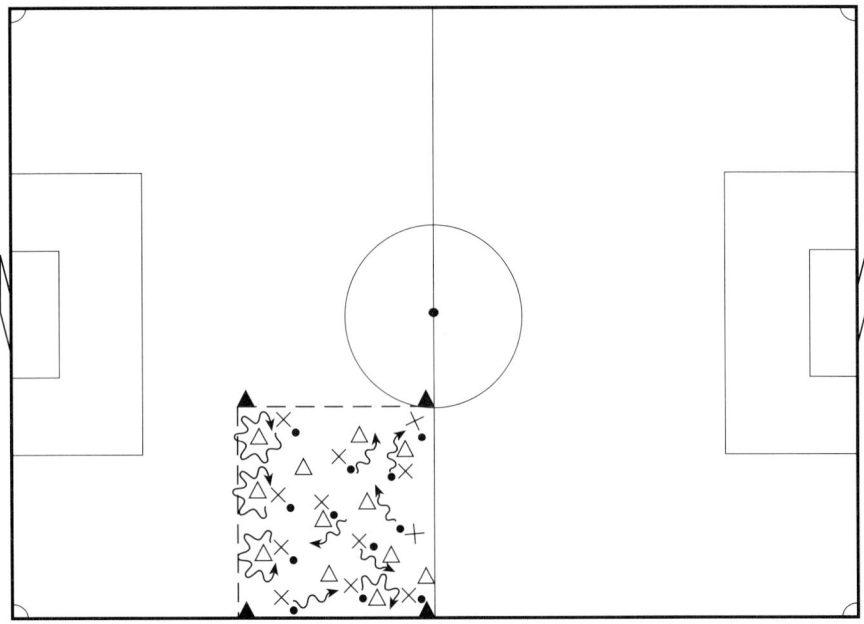

Ein Quadrat ist mit 5 Meter auseinanderstehenden Hütchen ausgestattet, die Hütchenzahl entspricht der der Teilnehmer.

Die Spieler, die alle im Besitz eines Balles sind, dribbeln durcheinander und führen an jedem Kegel die nachfolgenden Vorgaben aus:

1. Völliges Umdribbeln jedes Hütchens per Innenseite (Beinwechsel!).
2. Völliges Umdribbeln jedes Hütchens per Außenseite (Beinwechsel!).
3. Vorbeipassen des Balles rechts vom Hütchen und an der linken Seite vorbeilaufen (und umgekehrt).
4. Heben des Balles über die Hütchen.
5. Seitliche Ballführung per Sohle; Richtungs- und Fußwechsel an jedem Hütchen.
6. Kappbewegung (Rechtsfüßer: Schuß antäuschen und Ball links am Hütchen vorbeiziehen).
7. Mit rechtem Fuß auf linke Seite eines Hütchens zudribbeln, Ball mit der rechten Sohle stoppen und zur rechten Seite bei gleichzeitiger Drehung des Oberkörpers nach rechts wegziehen.
8. Per rechten Fuß auf rechte Seite des Hütchens zudribbeln, vor dem Hütchen Ball mit der Sohle von rechts nach links ziehen und an der linken Seite des Hütchens mit der Innenseite des linken Fußes vorbeispielen.
9. Drehung (Innen- oder Außenseite) mit Ball um die eigene Achse nach vorausgegangener Schußfinte.

KOPFBALL IN DREIERGRUPPEN

Anzahl der Spieler / Gruppengröße

Beliebig   Dreiergruppen

Geräte

1 Ball pro Dreiergruppe

Anwendung

Kurzprogramm
Stationsbetrieb

Trainingsschwerpunkt

Verbesserung des Kopfballspiels

Dosierung

2 bis 3 Min. pro Übung

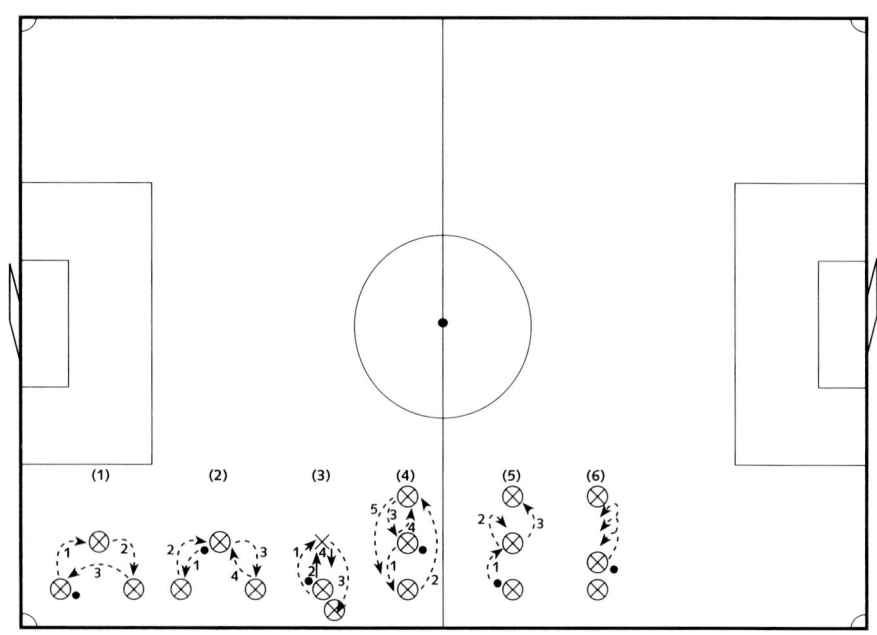

AUFGABENBESCHREIBUNG

Die in Dreiergruppen aufgeteilten Spieler sind im Besitz je eines Balles. Sie ändern von Übung zu Übung die Aufstellung.

1. Übung: Die im Dreieck angeordnete Dreiergruppe köpft den Ball im Abstand von 3 bis 5 Metern in beliebiger Richtung innerhalb dieser Dreieckanordnung.

2. Übung: Aus der Dreieckformation köpft Spieler A zu B, B zurück zu A, A schließlich zu C und C wieder zurück zu A, ... A wieder zu B ...

3. Übung: A und B stehen hintereinander mit Blickkontakt zu C, der 3 bis 5 Meter von beiden entfernt steht. A köpft zu C und erläuft dessen Position, C köpft zu Spieler B und wechselt auf dessen Platz ...

4. Übung: Zwischen den beiden ungefähr 6 bis 8 Meter entfernt stehenden Spielern A und B ist Partner C postiert. Der Mittelmann C köpft zu A – A leitet per Kopf weiter zu B. Derweil dreht sich Spieler C und B köpft zu C. C leitet per Kopf zurück zu B, B köpft wieder (lang) zu A ...

5. Übung: Aus derselben Ausgangsposition wie bei Übung 4 köpft der Außenspieler A zum Mittelspieler C. C köpft den Ball 1 Mal hoch, dreht sich zwischenzeitlich und leitet den herabfallenden Ball per Kopf weiter zu B. B köpft zurück zu C – C köpft 1 Mal hoch und dreht sich ...

6. Übung: Die Spieler A und B stehen C im Abstand von etwa 6 Metern gegenüber. A trabt in Richtung von C, indem er den Ball auf dem Kopf jongliert und aus kurzer Distanz zu C köpft. Dieser nimmt den Ball per Kopf an und köpft seinerseits in Richtung B.

(A)NMERKUNG, (V)ARIATION

(A)   Im Stationsbetrieb ist es empfehlenswert, Hütchen als Markierung aufzustellen.

TECHNIKSCHULUNG IN PARTNERFORM

Anzahl der Spieler / Gruppengröße

Beliebig   Partnerform

Geräte

Pro Spielerpaar 1 Ball
Eventuell 2 bis 3 Hütchen zur Kenn-
zeichnung des Abstandes

Anwendung

Kurzprogramm

Trainingsschwerpunkt

Verbesserung der Individualtechnik

Dosierung

2 Min. pro Übung

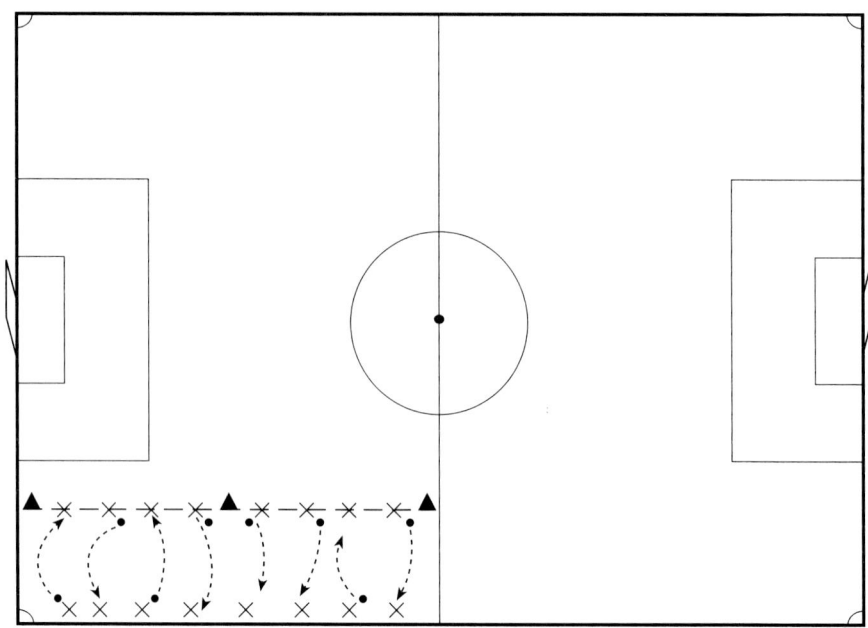

AUFGABENBESCHREIBUNG

Die Spieler stehen sich in Gassenform partnerweise im Abstand von 4 bis 5 Metern gegenüber. Jedes Spielerpaar ist im Besitz eines Balles. Folgende Übungen kommen zur Anwendung:

1. Gefühlvolles Zuspiel des Balles aus der Hand per Spann. Partner fängt ...

2. Zuspiel des Balles in Form eines Dropkicks (Ball aus der Hand fallen lassen und im Moment des Aufpralls am Boden mit dem Spann treffen).

3. Direktes Kopfballzuspiel (Distanz möglicherweise auf 3 Meter reduzieren).

4. Zuspiel per Kopf – der Partner spielt diesen Ball zuerst 1 Mal per Kopf hoch, bevor er ihn wieder zurückköpft.

5. Aus dem maximal dreimaligen Jonglieren heraus den Ball indirekt zum Partner spielen, d. h., der Ball muß 1 Mal in der Mitte zwischen den Partnern aufspringen, bevor ihn der Annehmende weiterjongliert.

6. Aus dem Jonglieren (max. 5 Mal) heraus hohes Zuspiel zum Partner, das ...
   • mit der Brust,
   • per Oberschenkel,
   • mit dem Spann
   angenommen werden soll, bevor wieder ein hohes Abspiel erfolgt.

7. Aus dem beliebigen Jonglieren heraus soll der Ball mit dem Spann direkt über Kopfhöhe gespielt und dann direkt per Kopf zum Partner befördert werden.

8. Hohes Zuspiel nach drei (zwei) Ballkontakten.

(A)NMERKUNG, (V)ARIATION

JONGLIEREN (I)

Anzahl der Spieler / Gruppengröße

Beliebig   Einzeln

Geräte

4 Hütchen

Pro Spieler 1 Ball

Anwendung

Kurzprogramm

Trainingsschwerpunkt

Verbesserung der Technik,
der Koordination

Dosierung

Jede Übungsform zwischen 1,5 und
2 Min.

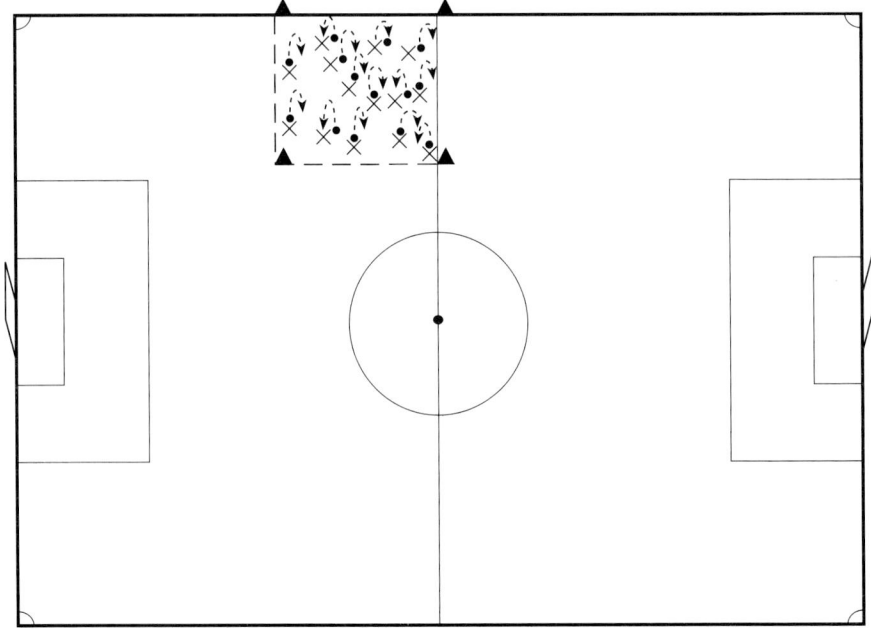

AUFGABENBESCHREIBUNG

Alle Spieler sind mit einem Ball ausgestattet und verteilen sich gleichmäßig auf ein etwa 20 x 20 Meter großes Quadrat, das mit Hütchen markiert ist. Die Spieler jonglieren in den beschriebenen Formen:

1. Jonglieren nur per Kopf (breitbeinig stehend, in Hüfte und Kniegelenk federnd).
2. Jonglieren nur mit den Oberschenkeln.
3. Ausschließliches Jonglieren mit dem Spann.
4. Beliebiges Jonglieren zwischen den drei erstgenannten Vorgaben.
5. Jonglieren zwischen Kopf und Oberschenkel.
6. Wechselseitiges Jonglieren zwischen Spann und Oberschenkel.
7. Abwechselndes Jonglieren zwischen Spann und Kopf.
8. Aus dem Jonglieren mit dem Fuß – Hochspielen des Balles auf Brusthöhe und kurz mit der Brust stoppen – weiterjonglieren mit dem Spann …
9. Dasselbe mit Oberschenkel und Brust.
10. Jonglieren in der Abfolge: Kopf – Oberschenkel – Spann, Kopf …

(A)NMERKUNG, (V)ARIATION

(A)   Die Größe des Quadrats richtet sich nach der Anzahl der Spieler. Je nach Bedarf ist das Feld eher zu vergrößern.

JONGLIEREN (II)

Anzahl der Spieler / Gruppengröße

Beliebig   Einzeln

Geräte

4 Hütchen
Pro Spieler 1 Ball

Anwendung

Kurzprogramm

Trainingsschwerpunkt

Verbesserung des Ballgefühls,
der Koordination

Dosierung

Jede Übung bis 2 Min.

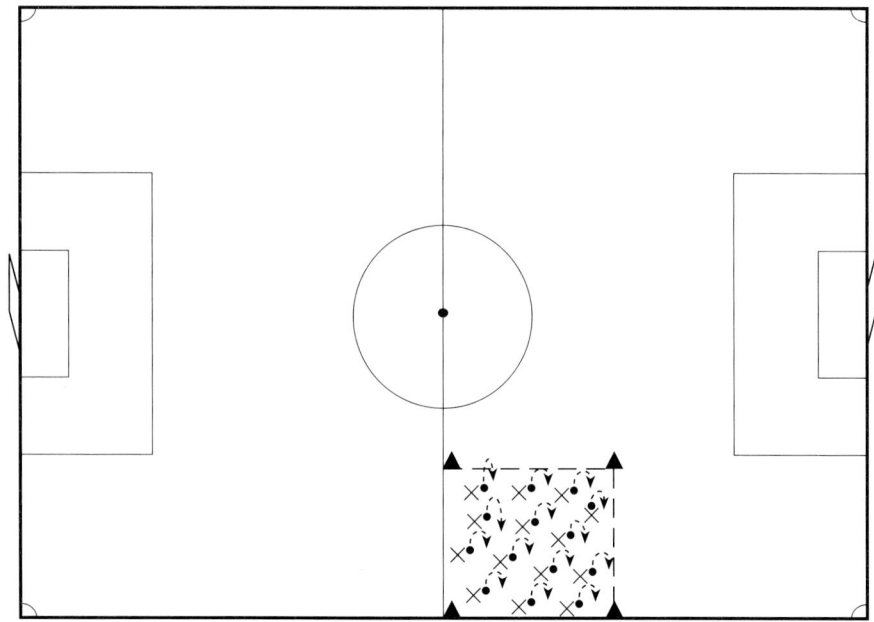

Jeder Spieler ist im Besitz eines Balles. Die Partner verteilen sich im etwa 20 x 20 Meter großen Quadrat, um in den aufgelisteten Varianten zu jonglieren:

1. Beliebiges Jonglieren des Balles.
2. Jonglieren des Balles mit dem Spann bis maximal auf Kniehöhe.
3. Bewußtes Jonglieren über Hüfthöhe (oder bis Brusthöhe).
4. Ausschließliches Jonglieren nur mit dem linken (rechten) Spann.
5. 1 Mal mit rechtem Spann hochspielen – Ball aufspringen lassen – 1 Mal mit linkem Spann hochspielen – aufspringen lassen – 1 Mal mit rechtem Spann hochspielen, ...
6. Rhythmisches Jonglieren per Spann z. B. 3 Mal rechts, dann 3 Mal links, 3 Mal rechts ...
7. «Angeschnittene» Bälle jonglieren.
8. Im Sitzen jonglieren.

JONGLIEREN (III)

Anzahl der Spieler / Gruppengröße
Beliebig   Einzeln

Anwendung
Kurzprogramm

Geräte
4 Hütchen
Pro Spieler 1 Ball

Trainingsschwerpunkt
Verbesserung der Individualtechnik,
der Koordination

Dosierung
2 Min. Übungszeit pro Übung

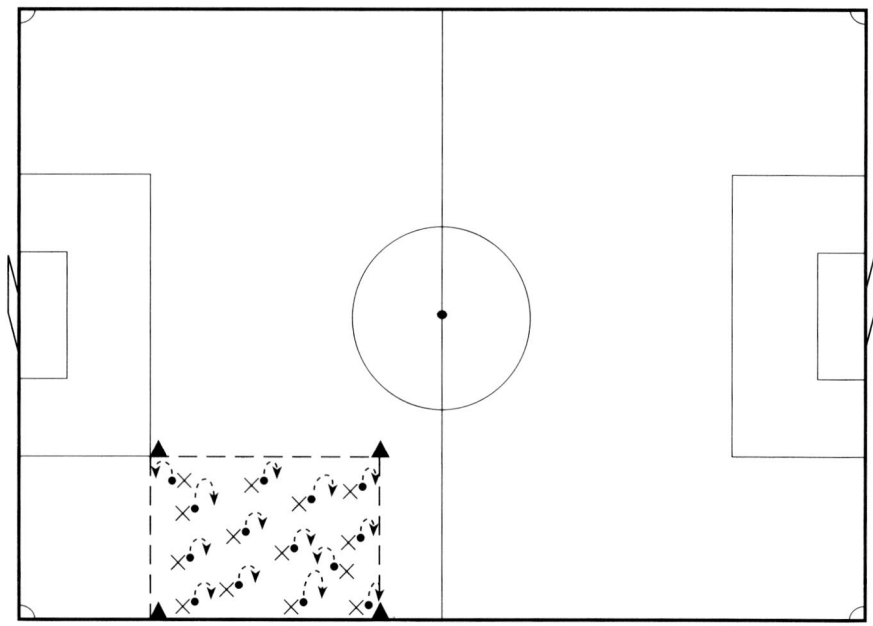

Ein Viereck von etwa 25 x 20 Metern dient als Jonglierfläche für die mit je einem Ball ausgestatteten Spieler, die folgende Übungen ausführen:

1. Beliebiges Jonglieren.
2. Jonglieren per Spann – Ball über Kopfhöhe spielen – Drehung um die eigene Achse – weiterjonglieren.
3. Jonglieren mit dem Spann – Hochspielen des Balles – Boden kurz mit einer Hand berühren – weiterjonglieren.
4. Jonglieren des Balles per Spann – dazwischen Ball mit viel Gefühl knapp über den Kopf spielen und hinter dem Rücken mit beiden Händen fangen und anschließend über den Kopf zurückwerfen – weiterjonglieren.
5. Aus dem Jonglieren Ball 1 Mal kurz mit der Sohle kräftig zum Boden prellen und weiterjonglieren.
6. Zwischen dem Jonglieren des Balles auf dem Spann 1 Mal kurz den Ball mit dem Außenrist hochspielen und dann mit dem Spann weiterjonglieren.

(A)NMERKUNG, (V)ARIATION

JONGLIEREN (IV) «ZAUBERN»

Anzahl der Spieler / Gruppengröße

Beliebig   Einzeln

Anwendung

Kurzprogramm

Geräte

4 Hütchen

Pro Spieler 1 Ball

Trainingsschwerpunkt

Verbesserung des Ballgefühls,
der Koordination

Dosierung

Bis 2 Min. pro Übung

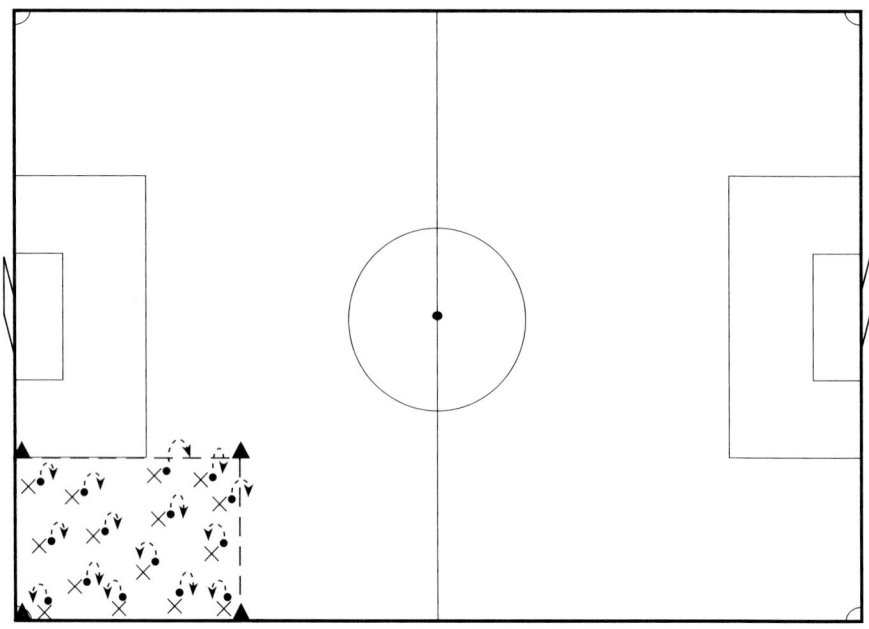

█ AUFGABENBESCHREIBUNG █

In einem der Teilnehmerzahl angemessenen Feld, das durch Hütchen markiert wird, jongliert jeder Spieler mit seinem Ball. Folgende Vorschläge sollen umgesetzt werden:

1. Beliebiges Jonglieren des Balles (Kopf, Oberschenkel …).

2. Jonglieren des Balles per Kopf. Durch Nachfedern mit dem Körper wird die Flugkurve des Balles immer niedriger, bis er auf der Stirn ruht und ausbalanciert werden kann.

3. Jonglieren des Balles mit dem Kopf. Dazwischen erneutes Ausbalancieren des Balles auf der Stirn. Von dort durch Abbeugen des Oberkörpers den Ball in den Nacken rollen lassen. Ein kurzer Ruck mit dem Hinterkopf bei gleichzeitigem Aufrichten des Oberkörpers katapultiert den Ball wieder (zum Kopfball) nach oben.

4. Aus dem Jonglieren per Kopf wird der Ball zwischendurch mit der linken (rechten) Schulter hochgespielt.

5. Der mit dem Spann jonglierte Ball wird immer wieder aus der Luft abgefedert und auf dem Spann ausbalanciert.

6. Steigerung: Der auf dem rechten Spann ruhende und ausbalancierte Ball wird hochgespielt und sogleich mit dem linken Spann ausbalanciert.

7. Aus dem Jonglieren des Balles per Spann wird der Ball über Kopfhöhe gespielt und der herabfallende Ball im Nacken aufgefangen.

8. Steigerung: Mit dem Ball im Nacken zum Liegestütz ablegen, einen Liegestütz ausführen und wieder aufrichten.

█ (A)NMERKUNG, (V)ARIATION █

SOHLENTRICKS

Anzahl der Spieler / Gruppengröße

Beliebig   Einzeln

Geräte

4 Hütchen
Pro Spieler 1 Ball

Anwendung

Kurzprogramm

Trainingsschwerpunkt

Verbesserung der Individualtechnik,
der Koordination

Dosierung

Pro Übung bis 2 Min.

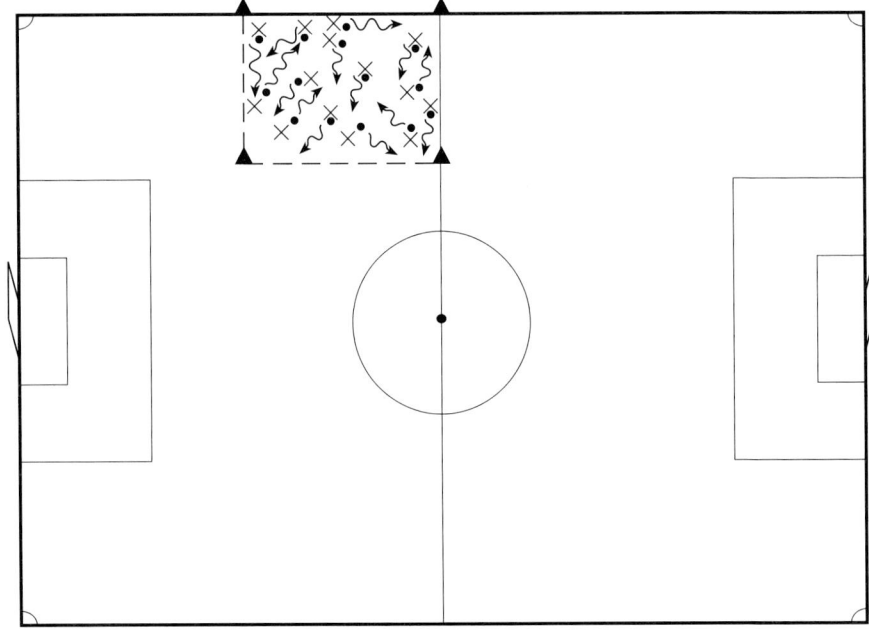

Jeder Spieler ist im Besitz eines Balles. Alle dribbeln im abgesteckten Quadrat beliebig durcheinander, indem jeder die angeführten Ballführungsformen bzw. Finten ausführt:

1. Der Ball liegt an der Außenseite des rechten Fußes. In einer seitlichen Fortbewegung wird mit der Sohle des rechten Fußes über den Ball gestrichen, so daß er auf diese Weise zum Standbein gezogen wird.

2. Seitliche Fortbewegung wie oben. Der mit der rechten Sohle zum linken Fuß gerollte Ball wird jedesmal kurz mit der Innenseite des linken Fußes gestoppt, bevor er erneut mit der Sohle gespielt wird.

3. In der Vorwärtsbewegung wird der Ball mit der rechten Sohle nach links gerollt. Durch zwei kurze Zwischenticks von der linken Innenseite zur rechten Innenseite liegt der Ball nun auf der linken Seite. Dem Darüberstreichen mit der linken Sohle folgen wieder zwei Zwischenticks, und der Ball liegt wieder rechts …

4. Die Vorwärtsbewegung des Balles wird im Wechsel zwischen der linken und der rechten Sohle betrieben.

5. Der Ball wird in der Rückwärtsbewegung durch wechselndes Nachziehen mit der linken und der rechten Sohle geführt.

6. Der Ball wird aus dem Dribbling mit der rechten Sohle kurz angestoppt und sofort schnell weitergedribbelt (Rhythmusunterbrechung durch kurzes Unterbrechen des Dribblings).

7. Der Ball wird aus dem Dribbling mit der rechten Sohle nach hinten zurückgezogen und mit der Innenseite desselben Fußes kurz zur rechten Seite vorgelegt, um im Winkel von 90° wegzudribbeln.

8. Aus dem Dribbling zum Schuß ausholen, den Ball mit der rechten Sohle quer vor dem Körper nach links rollen und (im rechten Winkel) mit dem linken Fuß geradeaus spielen.

9. Der Ball wird aus dem Dribbling heraus hinter dem Standbein herumgezogen, indem man die Sohle über den Ball rollt und mit der Innenseite desselben Fußes im rechten Winkel in eine neue Laufrichtung spielt.

(A)NMERKUNG, (V)ARIATION

FLACHE UND HOHE ZUSPIELE IN PARTNERFORM

Anzahl der Spieler / Gruppengröße

Beliebig   Partnerform

Geräte

Pro Paar 1 Ball
Eventuell 2 bis 3 Hütchen zur
Markierung der Entfernung

Anwendung

Kurzprogramm

Trainingsschwerpunkt

Verbesserung der Ballkontrolle

Dosierung

2 Querseiten pro Übung, wobei jeder
Partner einmal als Zuspieler /
Zuwerfer fungiert

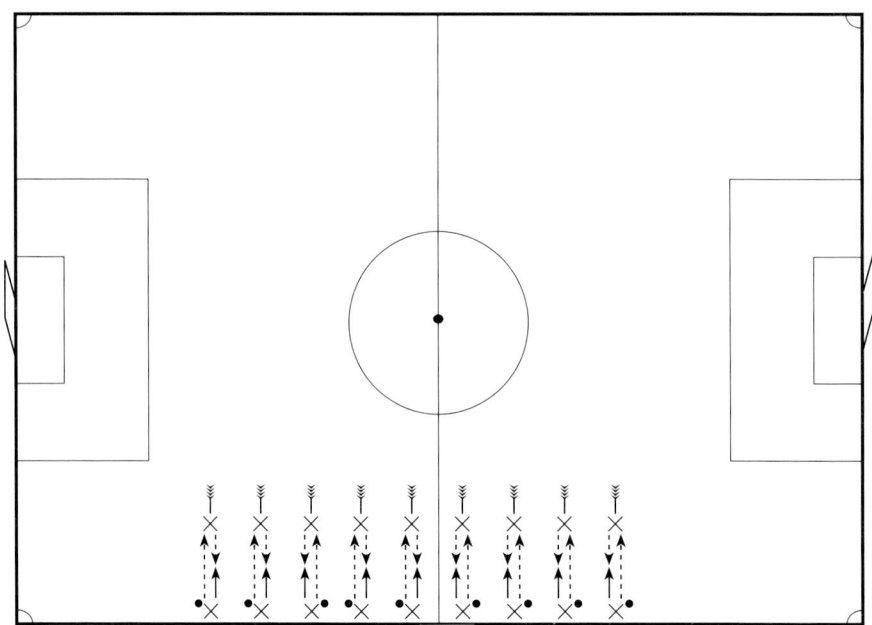

Die Spieler sind partnerweise mit einem Ball ausgestattet und bewegen sich von Seitenauslinie zu Seitenauslinie. Der Ballbesitzende ist Zuwerfer oder Paßgeber. Er bewegt sich im Vorwärtstrab, der Anzuspielende läuft rückwärts im Abstand von ca. 5 Metern (auch umgekehrt möglich):

1. Paß von A – B nimmt den Ball links (rechts) an und spielt mit der rechten (linken) Innenseite zurück.

2. Paß von A – B nimmt Ball per linker (rechter) Außenseite an, indem er eine ganze Drehung mit Ball vollzieht, bevor er zurückspielt.

3. Paß von A – wie 2., aber die Drehung erfolgt per Innenseite.

4. Paß von A – B spielt den Ball 1 Mal mit der Fußspitze (Spann) hoch und spielt den herabfallenden Ball direkt zurück.

5. Paß von A – Direktes Rückspiel von B.

6. Zuwurf (von unten nach oben) durch A – Ballkontrolle durch B per Kopf und Rückspiel per Kopf oder Fuß.

7. Zuwurf durch A – Ballkontrolle durch B per Brust und Rückspiel.

8. Zuwurf durch A – Ballkontrolle durch B per Oberschenkel und Zuspiel zu A.

9. Zuwurf durch A – Ballkontrolle durch B per Spann und Rückpaß.

10. Zuwurf durch A – Ballkontrolle durch B per Innenseite mit Drehung um die eigene Achse und Rückspiel.

11. Zuwurf durch A – Ballkontrolle durch B per Außenseite mit Drehung um die eigene Achse und Abspiel zu A.

(A)NMERKUNG, (V)ARIATION

Die Kurzprogramme

Kurzprogramme Kräftigung

KRÄFTIGUNG UND DRIBBELVIERECK

Anzahl der Spieler / Gruppengröße
Beliebig   Einzeln

Geräte
4 Hütchen
Pro Spieler 1 Ball

Anwendung
Kurzprogramm
Stationsbetrieb

Trainingsschwerpunkt
Verbesserung der Grundlagenausdauer,
Kräftigung von Bauch, Armen,
Schultern

Dosierung
8 bis 10 Min.

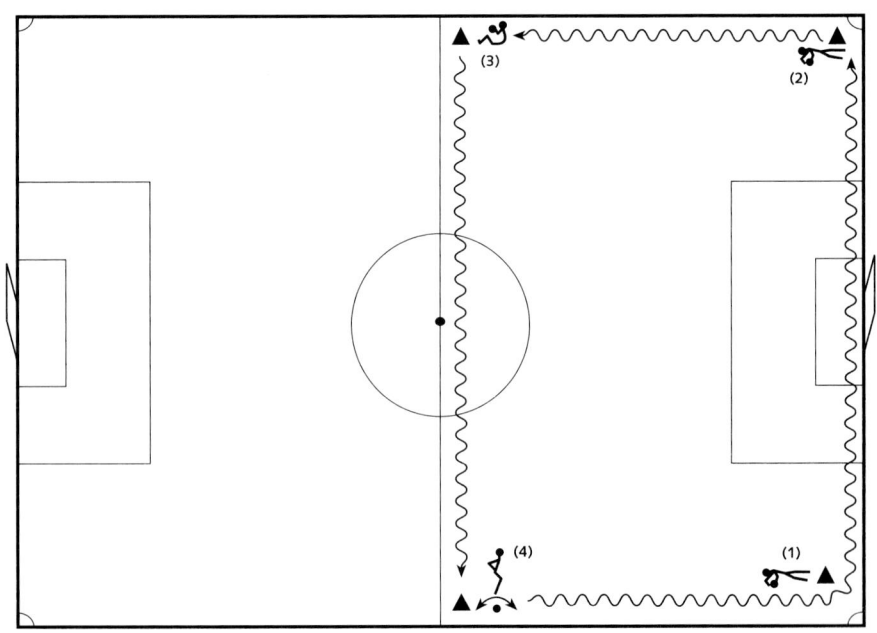

AUFGABENBESCHREIBUNG

Die an den Ecken durch Hütchen markierte Spielfeldhälfte wird dribbelnderweise umlaufen. An den Ecken absolvieren die Spieler die angeführten Kräftigungsübungen:

1. Linke Hand auf den Ball, rechte Hand auf dem Boden – 7 Liegestütze.
2. Rechte Hand auf den Ball, linke Hand auf dem Boden – 7 Liegestütze.

3. Rückenlage, Beine angewinkelt am Boden, Ball über dem Kopf haltend. Nach Aufrichten des Oberkörpers wird der Ball zwischen den Beinen abgelegt und der Oberkörper langsam abgesenkt (ohne Ball). Erneutes Aufrichten des Rumpfes und Greifen des Balles ... – 7 Mal mit / ohne Ball.

4. 15 Schlußsprünge über den Ball.

(A)NMERKUNG, (V)ARIATION

(A)   Als Kurzprogramm den ganzen Platz benutzen und mehrere Bälle an den Ecken bereitlegen.

(V)   Eventuell können die Übungen 2 und 3 in der Abfolge getauscht werden.

BARRIEREN-ÜBUNGEN

Anzahl der Spieler / Gruppengröße

Beliebig   Einzeln /
               Gruppen

Anwendung

Kurzprogramm
Stationsbetrieb

Geräte

Barrieren

Trainingsschwerpunkt

Verbesserung der Grundlagenausdauer
und Gesamtkörperkräftigung

Dosierung

8 bis 10 Min.

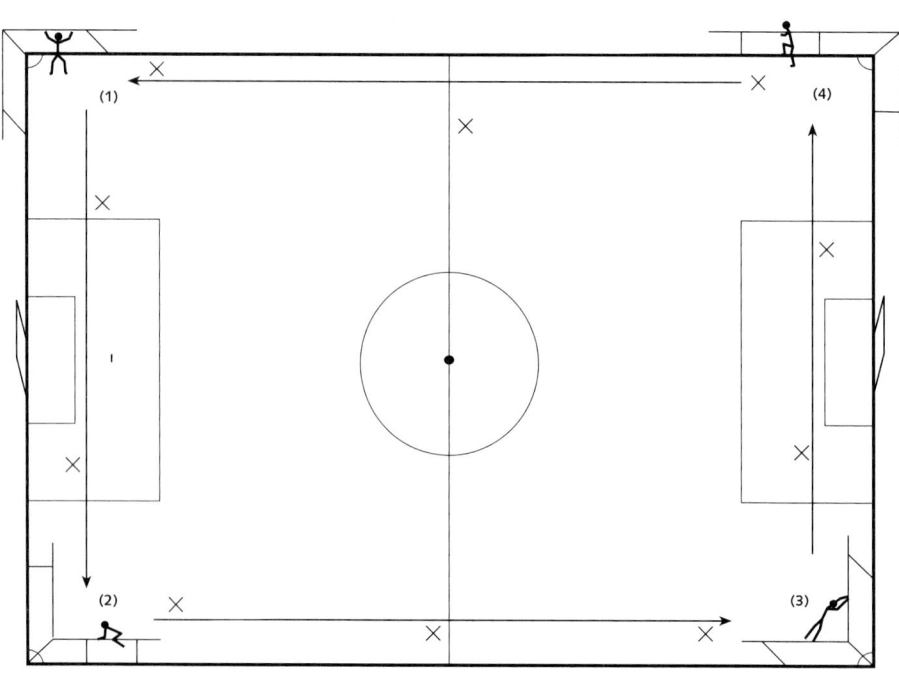

AUFGABENBESCHREIBUNG

Die in Zweier- bis Fünfergruppen organisierten Spieler umlaufen in hohem Ausdauertempo das gesamte Spielfeld, wobei an den Eckpunkten kräftigende Übungen an der Barriere zu erfüllen sind.

1. Bei gestrecktem Körper – die Fersen am Boden – werden Klimmzüge im Klammergriff absolviert (10 Mal).
2. Überqueren der Barriere per Hockwende, durch Unterqueren derselben zurück zur anderen Seite (6 Mal).

3. Liegestützdrücken gegen die Barriere bei schräggestelltem Körper.
4. Skippings (mit hoher Schrittfrequenz) gegen den Widerstand der Barriere (etwa 10 Sek.).

MEDIZINBALL-LÄUFE

Anzahl der Spieler / Gruppengröße

Beliebig   Partnerform

Geräte
Pro Spielerpaar 1 Medizinball
8 Hütchen

Anwendung
Kurzprogramm
Stationsbetrieb

Trainingsschwerpunkt
Verbesserung der Gesamtkörperkräftigung, der Grundlagenausdauer

Dosierung
8 Min.

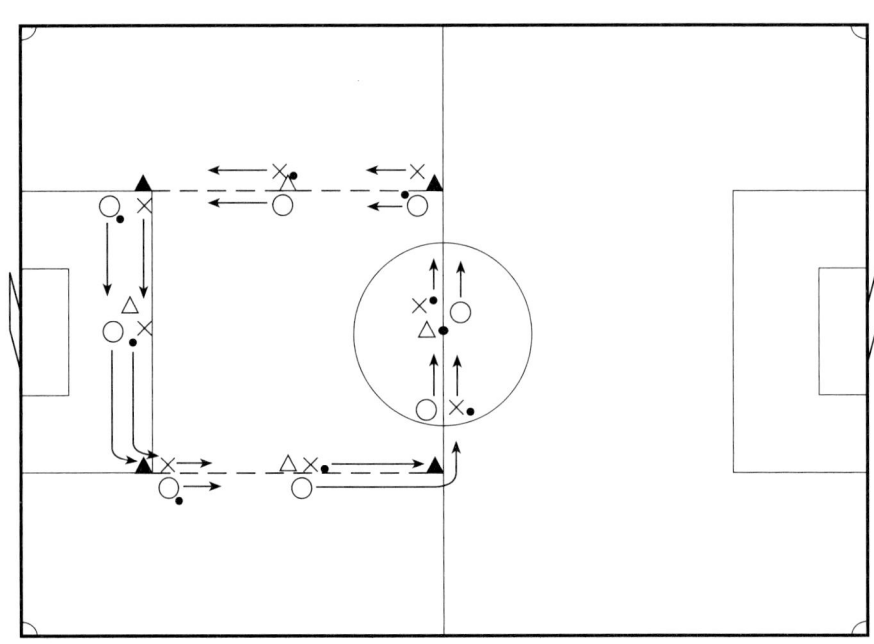

AUFGABENBESCHREIBUNG

Die Ecken eines 40 x 40 Meter großen Quadrats sind durch Hütchen markiert, die Mitte jeder Seite ebenfalls.

Die Spieler nehmen partnerweise an den 4 Eckpunkten Aufstellung und sind mit je 1 Medizinball ausgestattet.

Die Spieler umlaufen das Quadrat, indem sie jeweils die Hälfte jeder Strecke im Besitz des Medizinballes sind und dabei die vorgegebenen Übungen praktizieren. Der Partner ohne Ball trabt derzeit im lockeren Trab nebenher, um Arme und Beine leicht auszuschütteln. Der Medizinball wird während aller Übungen bei gestreckten Armen über dem Kopf gehalten, indem an der ...

1. Seite ein Kniehebelauf absolviert wird, an der
2. Seite ein Seitgalopp eingelegt wird, die
3. Seite im Rückwärtslauf zurückgelegt wird und die
4. Seite im Überkreuzlauf bewältigt wird.

(A)NMERKUNG, (V)ARIATION

ZIEH-, SCHIEBE- UND RINGKÄMPFE (OHNE BALL)

Anzahl der Spieler / Gruppengröße

Beliebig   Partnerform

Anwendung

Kurzprogramm

Trainingsschwerpunkt

Verbesserung der Kraft und Kraftausdauer, des Zweikampfverhaltens

Dosierung

30 bis 45 Sek. pro Übung

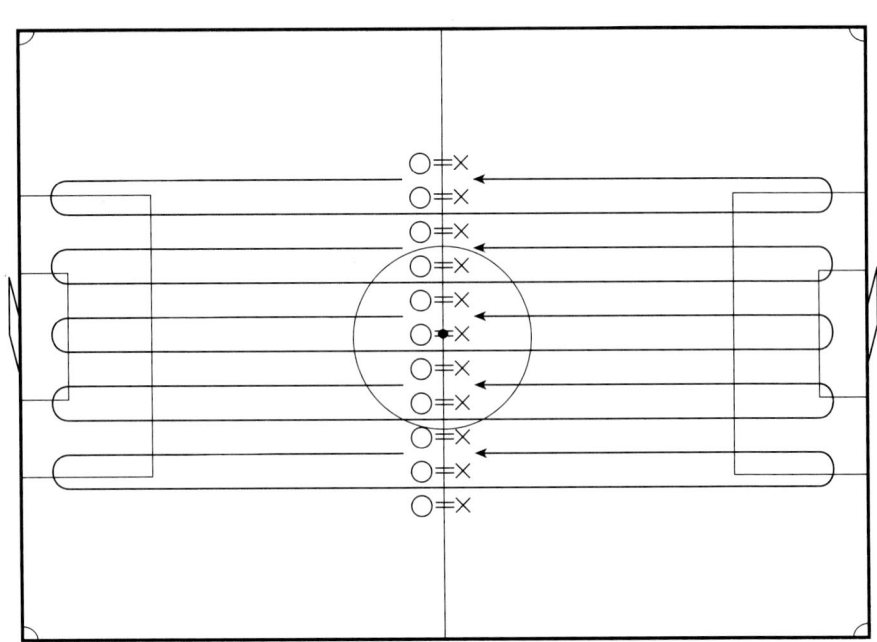

AUFGABENBESCHREIBUNG

Die Spieler stehen sich partnerweise an der Mittellinie gegenüber. Bei der Wahl des Partners ist auf etwa gleiches Größen- und Gewichtsverhältnis zu achten.

Die folgenden Kräftigungs- und Zweikampfübungen beginnen und enden auf Kommando des Trainers. Zwischen jeder Übung traben die Spielerreihen über die gegenüberliegende Grundlinie zur anderen Grundlinie zurück zur Mittellinie, wo es ein erneutes Kräftemessen gibt. Die Übungen sind auf den Seiten 76 und 77 abgebildet.

1. Ziehkampf aus der Beidhandfassung.
2. Schiebekampf seitlich (Schulter an Schulter).
3. Ziehkampf in Einhandfassung.
4. Schiebekampf frontal.
5. Schiebekampf (Rücken an Rücken).
6. Ringkampf aus dem Kniestand.

(A)NMERKUNG, (V)ARIATION

(A)   Ein kurzes Lockern und Dehnen nach dem Trab ist durchaus angezeigt.

ZIEH-, SCHIEBE- UND RINGKÄMPFE (OHNE BALL)

vgl. Übung 1

vgl. Übung 2

vgl. Übung 3

AUFGABENBESCHREIBUNG

vgl. Übung 4

vgl. Übung 5

vgl. Übung 6

KRÄFTIGUNG AN STEHSTUFEN

Anzahl der Spieler / Gruppengröße
Beliebig Einzeln /
    Partnerform /
    Dreiergruppe

Geräte
Stehränge
Eventuell Matten / Unterlagen

Anwendung
Kurzprogramm
Stationsbetrieb

Trainingsschwerpunkt
Gesamtkörperkräftigung

Dosierung
Wiederholungen nach Vorgabe

AUFGABENBESCHREIBUNG

1. In der Liegestützstellung parallel zur Stehstufe stützen sich beide Füße und der linke Arm auf derselben Stufe ab, der rechte Arm auf der nächsthöheren. Liegestütz drücken, 15 Mal linker Arm – Wechsel, 15 Mal rechter Arm.

2. Wechselsprünge; ein Bein auf der oberen, das andere Bein auf der unteren Stufe. Das sich auf der oberen Stufe befindende abgewinkelte Bein drückt sich kräftig zur Streckung ab, das andere Bein setzt weich federnd auf der unteren Stufe auf, während der andere Fuß nun auf der oberen Stufe aufsetzt (30 bis 40 Mal).

3. In der Rücklage, das Gesäß an die Treppenwange herangeschoben, die Beine im rechten Winkel auf der Stufe abgelegt, wird der Oberkörper langsam angehoben (ausatmen) und wieder langsam gesenkt (einatmen). Die Arme sind dabei auf der Brust verschränkt (evtl. auch statisch durchführen, falls keine Matte vorhanden) (25 bis 30 Mal).

4. Die Füße befinden sich bei durchgestrecktem Körper auf der unteren Stufe, die Arme drücken Liegestütze (vorlings) auf der Stufe darüber (25 bis 30 Mal).

5. In seitlicher Stellung zur Stufe steht das linke Bein auf der unteren Stufe, der rechte Fuß auf der darüber befindlichen Stufe. Explosive Strecksprünge mit dem oben plazierten Bein (z. B. 15 Mal), dann erfolgt der Sprungbeinwechsel.

6. Die Füße sind bei gestreckten oder leicht angewinkelten Beinen auf der unteren Stufe aufgesetzt, die Arme stützen sich mit dem Rücken zur Treppenwange auf der oberen Stufe ab. Heben und Senken des Oberkörpers nur mit Hilfe der Arme (20 bis 25 Mal).

7. Der Körper ist seitlich gestreckt auf beiden Füßen und einem Arm abgestützt, die freie Hand wird in der Hüfte angewinkelt. Heben und Senken des oberen Beines (15 Mal links, 15 Mal rechts).

8. Schlußsprünge (beidbeinig) auf- und abwärts einer Stehstufe, weich abfedern (30 bis 40 Mal).

Die Kurzprogramme

Kurzprogramme Sprung

HÜTCHENSPRÜNGE

Anzahl der Spieler / Gruppengröße
Beliebig   Einzeln

Geräte
24 bis 28 Hütchen

Anwendung
Kurzprogramm
Stationsbetrieb

Trainingsschwerpunkt
Verbesserung der Grundlagenausdauer,
der Sprungkraft, der Kraftausdauer

Dosierung
6 bis 8 Min.

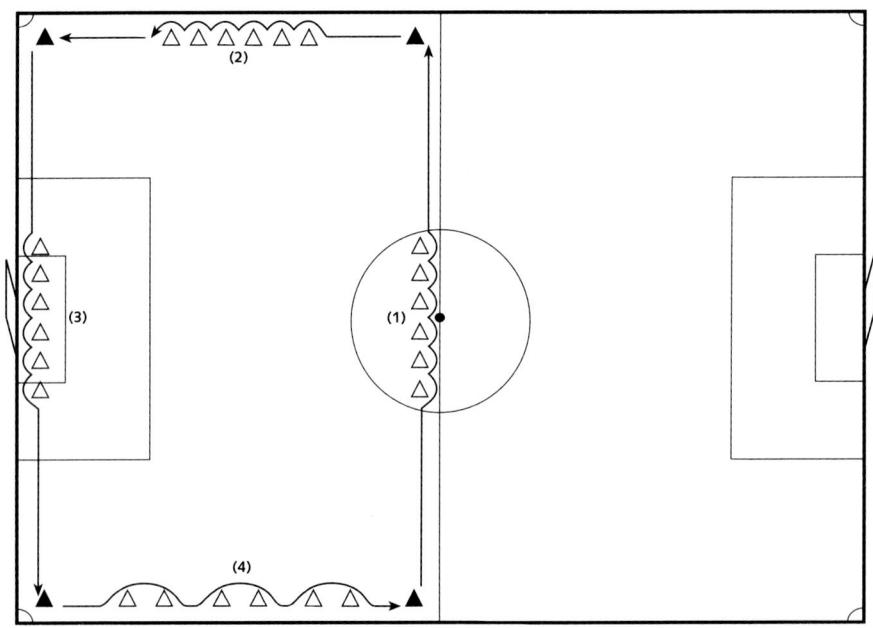

AUFGABENBESCHREIBUNG

Die 4 Seiten eines halben (ganzen) Spielfeldes werden mit je aus 6 Hütchen beste-
henden Reihen versehen, die es in unterschiedlichen Sprungfolgen zu überwinden
gilt:

1. Reihe: Die etwa 1 Meter auseinandergerückten Hütchen werden im Einbein-
            sprung links bewältigt.

2. Reihe: Die Hütchen dieser Reihe sind ebenfalls 1 Meter entfernt voneinander auf-
            gestellt und werden im Schlußsprung überwunden.

3. Reihe: Wiederum etwa 1 Meter auseinandergestellte Hütchen überspringt man
            im Einbeinsprung rechts.

4. Reihe: Drei je 1,5 Meter breite Hütchenpaare, hintereinander in einem Abstand
            von ca. 3 bis 5 Metern aufgestellt, gilt es im Laufsprung zu überwinden.

(A)NMERKUNG, (V)ARIATION

Als Kurzprogramm genutzt, sind die Sprungübungen über das ganze Feld zu verteilen. Auch im Stationsbetrieb ist diese Variante durchführbar, wenn das Spielfeld zwischen den Strafräumen abgesteckt wird.

SPRUNGPARCOURS

Anzahl der Spieler / Gruppengröße
Beliebig

Geräte
13 Hütchen

Anwendung
Kurzprogramm
Stationsbetrieb

Trainingsschwerpunkt
Verbesserung der Sprungkraft,
der Grundlagenausdauer

Dosierung
6 bis 8 Min.

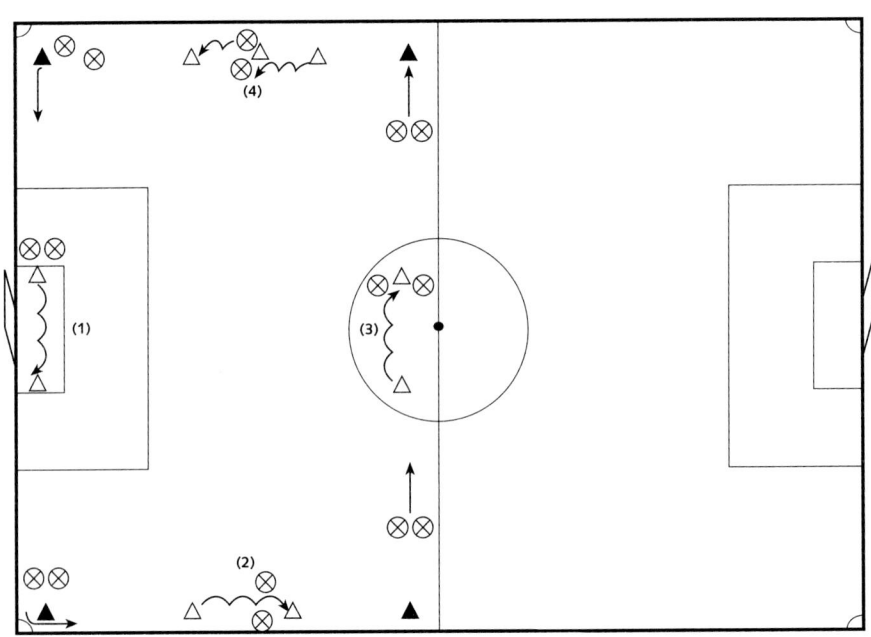

◼◼◼◼◼◼AUFGABENBESCHREIBUNG◼◼◼◼◼◼

Die Ecken einer Spielfeldhälfte sind mit Hütchen markiert, die Strecken dazwischen werden durch weitere Hütchen, die verschiedene Sprungzonen darstellen sollen, gekennzeichnet. Die Spieler beginnen, gleichmäßig um den Parcours aufgeteilt, im Ausdauertempo und legen die jeweiligen Zonen in der untenstehenden Abfolge zurück:

1. Schlußsprünge (Beine geschlossen) über eine ca. 10 Meter abgesteckte Strecke.
2. Anhocksprünge (Beine geschlossen bis zur Brust explosiv anziehen) über etwa 8 Meter.
3. Laufsprünge (Landebein gleich Abdruckbein) über eine Distanz von ca. 15 Metern.
4. Einbeinsprünge links bzw. rechts über je 8 Meter.

◼◼◼◼◼◼(A)NMERKUNG, (V)ARIATION◼◼◼◼◼◼

(A)   Als Kurzprogramm verwendet, bietet es sich an, die Spieler diesen Parcours partnerweise durchlaufen zu lassen.

HÜRDENPARCOURS

Anzahl der Spieler / Gruppengröße

3 bis 6 Spieler   Einzeln

Geräte

3 Hütchen
9 bis 12 Hürden

Anwendung

Stationsbetrieb

Trainingsschwerpunkt

Verbesserung der Sprungkraft,
Grundlagenausdauer,
der Kraftausdauer

Dosierung

6 bis 8 Min.

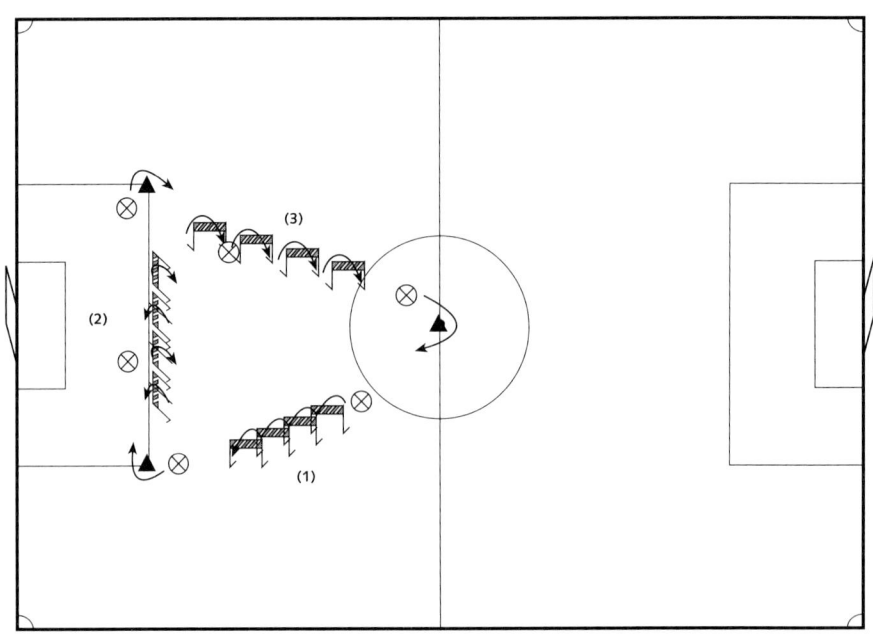

AUFGABENBESCHREIBUNG

Die Strecken eines gleichseitigen Dreiecks von etwa 40 bis 50 Metern sind durch 3 Hütchen kenntlich gemacht und werden mit Hürden in verschiedenen Abständen bzw. Höhen versehen.

Die 3 bis 4 Hürden der ersten Seite (Abstand knapp 1 Meter – Höhe ca. 50 cm) sind im Schlußsprung, d. h. mit geschlossenen Beinen, zu überwinden, während die 3 bis 4 Hürden der zweiten Strecke (Höhe 50 cm) längs zur Laufrichtung aneinandergereiht werden und im seitlichen Schlußsprung (Zickzackkurs) oder Laufsprung zu überwinden sind. Die Hürden des dritten Abschnitts (Abstand 5 Meter – Höhe 60 bis 80 cm) gilt es im Laufsprung zu überqueren.

(A)NMERKUNG, (V)ARIATION

(A)   Dieser Parcours ist auch als Kurzprogramm durchführbar, wenn das Dreieck wesentlich größer abgesteckt wird. Dadurch kommt es zur Entzerrung, jeder Spieler kann auf den relativ langen Laufwegen überholen. Es entstehen keine Staus.

SPRUNGKRAFT IM STROM

Anzahl der Spieler / Gruppengröße
Beliebig   Einzeln

Geräte
2 bis 3 Mal Hütchen

Anwendung
Kurzprogramm

Trainingsschwerpunkt
Verbesserung der Sprungkraft,
der Kraftausdauer

Dosierung
Vergleiche Beschreibung bzw.
Anmerkung
anschließend intensive Dehnungs- und
Lockerungsphase

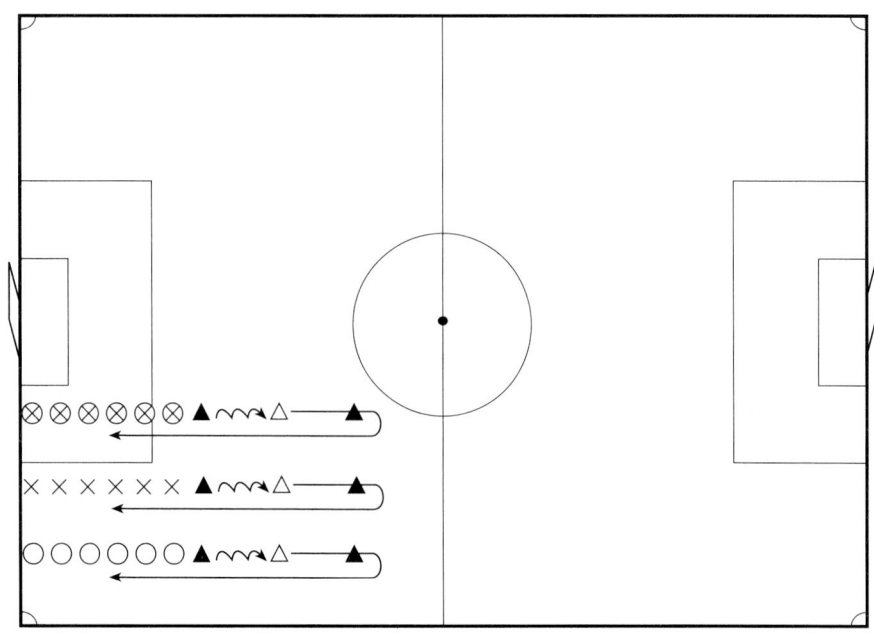

AUFGABENBESCHREIBUNG

Mit Hilfe dreier Hütchen werden zwei aneinandergrenzende etwa 8 bis 10 Meter lange Strecken markiert. Je nach Spielerzahl werden diese Strecken 2 bis 3 Mal nebeneinander erstellt. Die Spieler teilen sich gleichmäßig hinter den Hütchenreihen auf. Während auf dem 1. Streckenabschnitt Sprungfolgen absolviert werden, gilt es den 2. Abschnitt und den Rückweg zum Ausgangspunkt locker und langsam zu traben. Die Spieler üben «im Strom»; ist der Vordermann am mittleren Hütchen angelangt, erfolgt der Start des nächsten Spielers:

1. Schlußsprünge vorwärts (2 bis 3 Durchgänge).
2. Schlußsprünge rückwärts (2 bis 3 Durchgänge).
3. Umsteigesprünge links abspringen – Gewicht verlagern und rechts landen – mit rechtem Fuß nach links abspringen (3 Durchgänge).
4. Einbeinsprünge mit Anreißen des Sprungbeins zur Brust (je 1 Durchgang).
5. Einbeinsprünge links / rechts (je 2 Durchgänge).
6. Laufsprünge (3 Durchgänge).
7. Anhocksprünge (Oberschenkel zur Brust anreißen) (2 Durchgänge).
8. Streckhochsprünge: Aus der maximalen Hocke Hochschnellen des Körpers (2 Durchgänge).

(A)NMERKUNG, (V)ARIATION

(V)   Steigerung: 3 Abschnitte à 6 Meter mit Sprung – Trab – Sprung und Trab zurück.

        Erleichterung: 1. Woche – je 1 Durchgang,
                       2. Woche – je 2 Durchgänge,
                       3. Woche – je 2 bis 3 Durchgänge.

(A)   Eventuell den 2. Streckenabschnitt zwecks längerer Erholungsphase verlängern.

SPRUNGVARIANTEN IM PAARWEISEN LAUF

Anzahl der Spieler / Gruppengröße

Beliebig   Partnerform

Geräte

9 Hütchen

Anwendung

Kurzprogramm

Trainingsschwerpunkt

Verbesserung der Sprungkraft,
der Kraftausdauer

Dosierung

Je nach Sprungvarianten 3 bis 6
Wiederholungen an jedem Hütchen

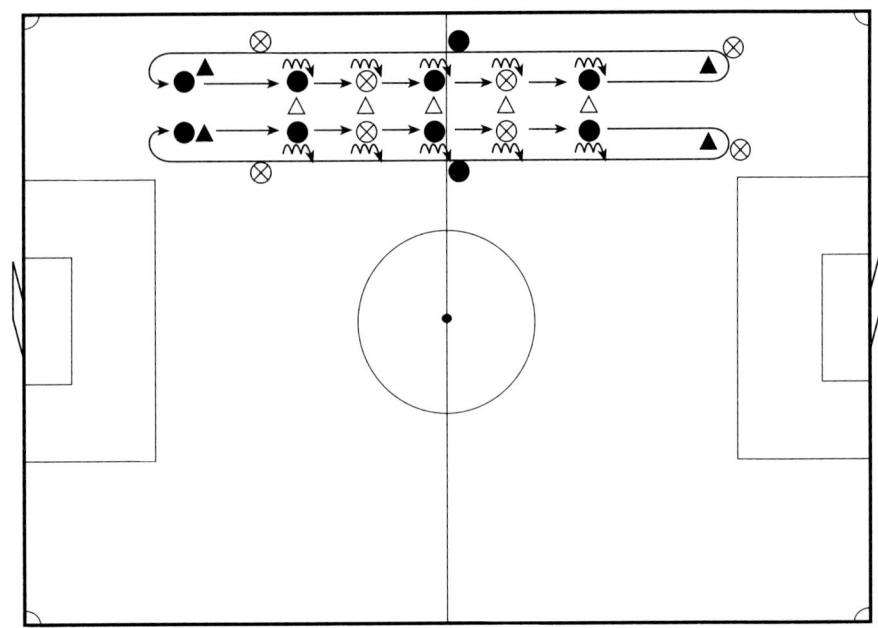

Auf Höhe beider Strafraumlinien sind 2 Hütchen im Abstand von 3 Metern plaziert. In der Mitte dazwischen sind 5 Hütchen jeweils ca. 12 Meter voneinander entfernt aufgestellt.

Die Spieler sind partnerweise aufgereiht. Sie traben von den beiden Hütchen des einen Strafraums los, um an jedem Hütchen die unten vorgegebenen Sprungvarianten auszuführen. Anschließend traben die Paare um die auf Höhe des anderen Strafraumes stehenden Hütchen zurück zum Ausgangspunkt:

1. Federnde (kräftige) Schlußsprünge (6 Mal pro Hütchen).
2. Schlußsprünge von links nach rechts und umgekehrt (6 Mal).
3. Schlußsprünge vor und zurück (6 Mal).
4. Umsteigesprünge (seitliche Sprünge von links nach rechts und umgekehrt; dabei auf dem Landebein wieder abdrücken, derweil bleibt das andere Bein abgehoben (5 Mal).
5. Einbeinsprünge links (4 bis 5 Mal).
6. Einbeinsprünge rechts (4 bis 5 Mal).
7. Anschlagsprünge; Beine im Sprung nach vorne spreizen, Hände berühren die Fußspitzen (3 bis 4 Mal).
8. Anhocksprünge; Oberschenkel zur Brust reißen (4 Mal).
9. Aus der leichten Hocke Strecksprünge (3 Mal).

SEILCHENLABYRINTH

Anzahl der Spieler / Gruppengröße

Beliebig   Einzeln

Geräte

Pro Spieler 1 Seil

Anwendung

Kurzprogramm

Trainingsschwerpunkt

Verbesserung der Sprungkraft,
der Kraftausdauer

Dosierung

30 bis 45 Sek. pro Übung, dazwischen
30 bis 45 Sek. Trabpause

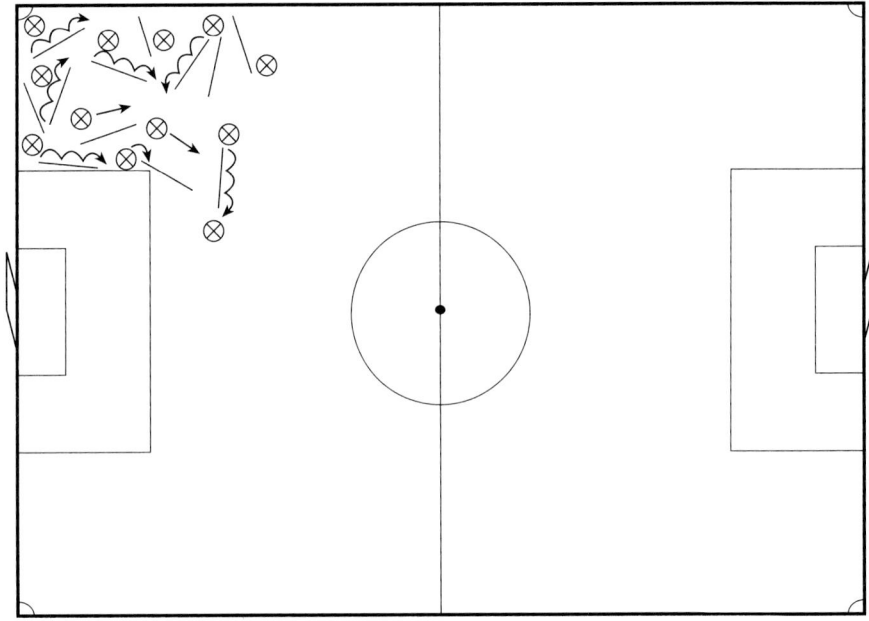

AUFGABENBESCHREIBUNG

Entsprechend der Spieleranzahl werden Sprungseile willkürlich kreuz und quer im Abstand von 3 bis 5 Metern zueinander auf dem Rasen abgelegt.

Die Spieler traben von Seil zu Seil und führen entlang der Strecke die vorgegebenen Sprungvarianten 5 bis 6 Mal durch. Anschließend folgt jeweils ein lockerer Trab:

1. Schlußsprünge entlang einer Seite des Seiles – Trab zum nächsten Seil.

2. Schlußsprünge im Zickzack über die Seile – Trab zum nächsten Seil, Schlußsprünge …

3. Einbeinsprünge im Zickzack – Trab zum nächsten Seil und Wechsel des Sprungbeines.

4. Anschlagsprünge entlang der Seile (Seil liegt zwischen den Füßen – Absprung und Zusammenschlagen der Fußinnenseiten über dem Seil).

5. Umsteigesprünge: Stand rechts neben dem Seil – Abdruck mit dem linken Bein – Landung auf der anderen Seite des Seils mit dem rechten Fuß. Das Landebein ist gleichzeitig das Abdruckbein.

6. Einbeinsprünge entlang der Seile. Ein Bein bleibt ständig angewinkelt vom Boden abgehoben, das Sprungbein wird nach dem Abdruck zur Brust hochgerissen.

7. An jedem Seilanfang bzw. Seilende Strecksprünge aus der leichten Hocke ausführen.

(A)NMERKUNG, (V)ARIATION

(A)   Die Spieler sind auf federndes Springen hinzuweisen. Der Sprung soll im Hüft-, Knie- und Fußgelenk abgefangen werden.

Zur Schonung des Rasens verlegt der Trainer während der Trabphase gelegentlich die Seile.

DREIECKLAUF MIT SPRUNGKRAFTÜBUNGEN

Anzahl der Spieler / Gruppengröße

Beliebig   Beliebig

Anwendung

Kurzprogramm

Geräte

3 Hütchen

Pro Spieler 1 Ball

Trainingsschwerpunkt

Verbesserung der Grundlagenausdauer, der Sprungkraft

Dosierung

8 Min. pro Dreieck

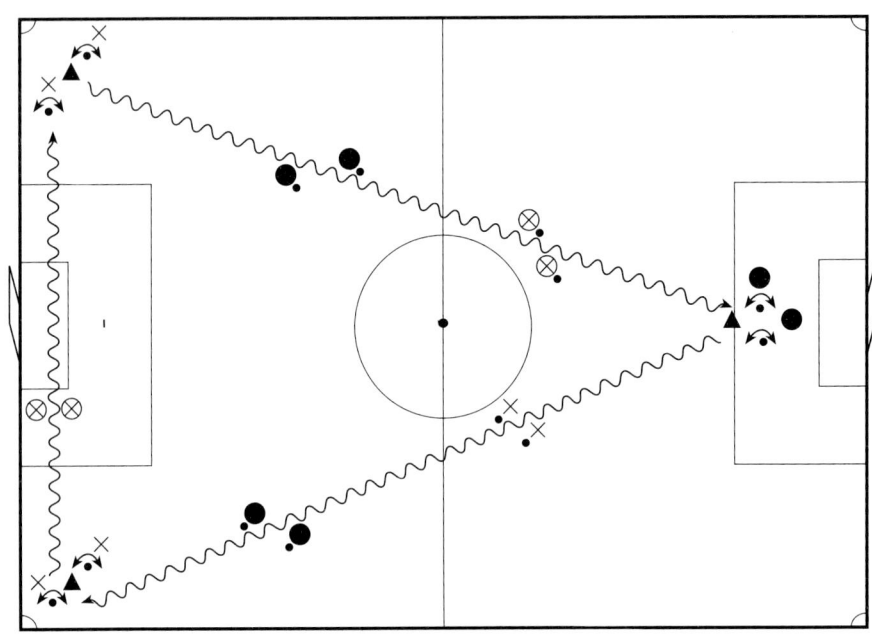

Auf dem Spielfeld wird ein Dreieck abgesteckt, dessen Spitze sich an der Sechzehn-meterlinie, die beiden anderen Eckpunkte nahe den Eckfahnen befinden.

Die Spieler, in gleich große Gruppen aufgeteilt, dribbeln um dieses Dreieck, wobei sie an den Eckpunkten folgende Sprungkraftübungen durchführen:

1. Ecke: 10 Schlußsprünge über den ruhenden Ball.
2. Ecke: 6 Einbeinsprünge links und dann rechts.
3. Ecke: 10 Umsteigesprünge seitlich über den Ball (links abdrücken – rechts lan-den – rechts abdrücken – links landen – links abdrücken ...).

■■■■■■■■■■■■■■**(A)NMERKUNG, (V)ARIATION**■■■■■■■■■

(A)   Als Kurzprogramm genutzt, können bei einer großen Teilnehmerzahl zwei Dreiecke gegengleich erstellt werden.

Die Kurzprogramme

Kurzprogramme Sprint

SPRINTS: VIERER-HÜTCHENREIHE (I)

Anzahl der Spieler / Gruppengröße

Beliebig   Dreier- bis
                  Sechsergruppen

Geräte

16 Hütchen

Anwendung

Kurzprogramm

Trainingsschwerpunkt

Verbesserung der Koordination,
der Schnelligkeit,
der Beweglichkeit

Dosierung

2 bis 3 Durchgänge pro Übung,
dazwischen 2 bis 4 Min. Dehnungs- und
Lockerungsphase

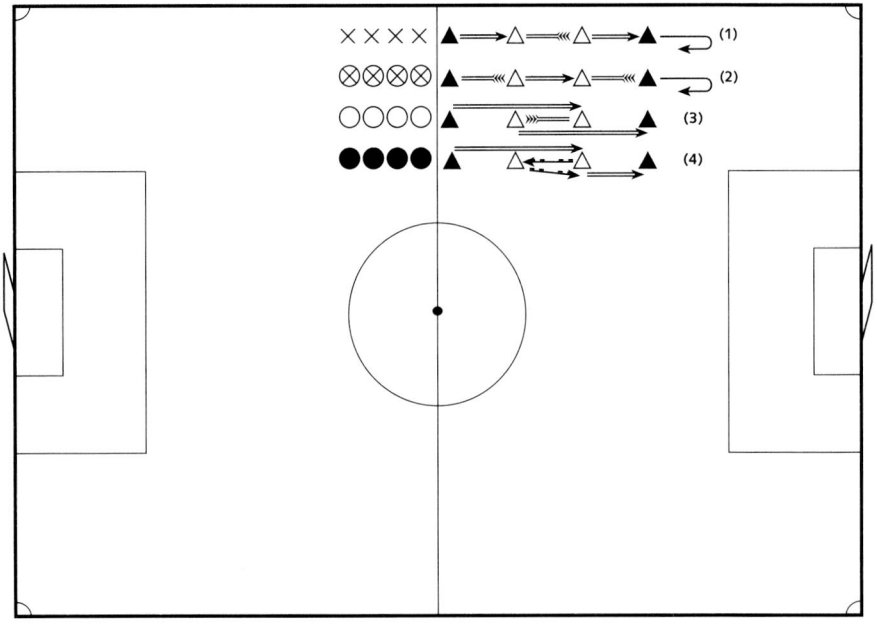

AUFGABENBESCHREIBUNG

Vier Hütchen, über eine Strecke von 16 bis 20 Metern in gleichmäßigem Abstand verteilt, bleiben bei allen Übungen in dieser Form stehen. Die Spieler sind in gleich großen Gruppen hinter einer Linie (z. B. der Mittellinie) hintereinander aufgereiht. Der Start erfolgt auf Kommando des Trainers. Der Rückweg wird gehend und lockernd absolviert:

1. Übung: Die Strecke zwischen dem 1. und dem 2. Hütchen wird vorwärts sprintend, die Mittelstrecke rückwärts sprintend und die Strecke zwischen dem 3. und dem 4. Hütchen wiederum vorwärts sprintend zurückgelegt.

2. Übung: Während die Anfangs- und die Endzone im Rückwärtssprint absolviert werden, erfolgt auf der Mittelzone ein Vorwärtssprint.

3. Übung: Dem Sprint vorwärts zum 3. Hütchen schließt sich ein Rückwärtssprint zum 2. Hütchen an, von dort wird ein erneuter Vorwärtssprint zum Zielhütchen gestartet.

4. Übung: Abermals wird zum 3. Hütchen gesprintet, von dort gilt es im Seitgalopp (links) zum 2. Hütchen zurückzugelangen, um dann zum 3. Hütchen im Seitgalopp (rechts) zu starten. Von dort folgt ein nochmaliger Vorwärtssprint zum Ziel.

(A)NMERKUNG, (V)ARIATION

SPRINTS: VIERER-HÜTCHENREIHE (II)

Anzahl der Spieler / Gruppengröße

Beliebig   Dreier- bis
                  Sechsergruppen

Geräte

16 Hütchen

Anwendung

Kurzprogramm

Trainingsschwerpunkt

Verbesserung des Antritts,
der Schnelligkeit,
der Koordination,
der Gewandtheit

Dosierung

Übung 1: siehe Text,
Übung 2 bis 4: 2 bis 3 Durchgänge pro
Übungsform,
2 bis 4 Min. Dehnungs- und Lockerungsphase nach jedem Durchgang

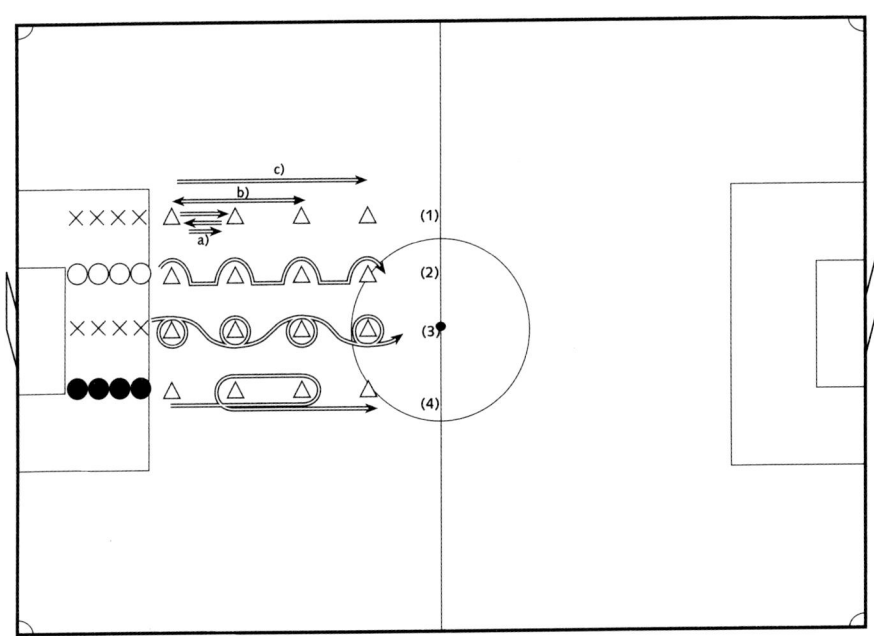

Mehrere Hütchenreihen sind jeweils mit 4 Hütchen im Abstand von ungefähr 4 Metern aufgereiht. Die Spieler stellen sich in gleich großen Gruppen hinter den Hütchenreihen auf. Ständig variierende Zeichen des Trainers (Pfiff / Händeklatschen / Zuruf / Ball fallen lassen) geben das Zeichen zum Start:

1. Übung: a) Die Strecke vom 1. zum 2. Hütchen wird von jedem Spieler 4 Mal hintereinander durchsprintet, bevor er seinen folgenden Partner abschlägt.

   b) Die Distanz vom 1. zum 3. Hütchen wird hin und zurück durchsprintet.

   c) Der Sprint vom 1. zum 4. Hütchen erfolgt nur einfach, d. h. ohne Rückweg.

2. Übung: Die 4 Hütchen werden aus dem Sprint im Laufsprung überwunden.

3. Übung: Sprint, indem jedes Hütchen umlaufen wird.

4. Übung: Sprint um das 3. Hütchen – zurück zum 2. Hütchen und Endspurt zum Zielhütchen.

SPRINTS NACH EXPLOSIVEN SPRÜNGEN

Anzahl der Spieler / Gruppengröße

Beliebig   Beliebig

Anwendung

Kurzprogramm

Geräte

4 Hütchen

Trainingsschwerpunkt

Verbesserung der Schnellkraft,
der Reaktion,
der Schnelligkeit

Dosierung

2 bis 4 Durchgänge pro Übung,
3 bis 5 Min. Dehnungs- und
Lockerungsphase zwischen den
Übungsblöcken

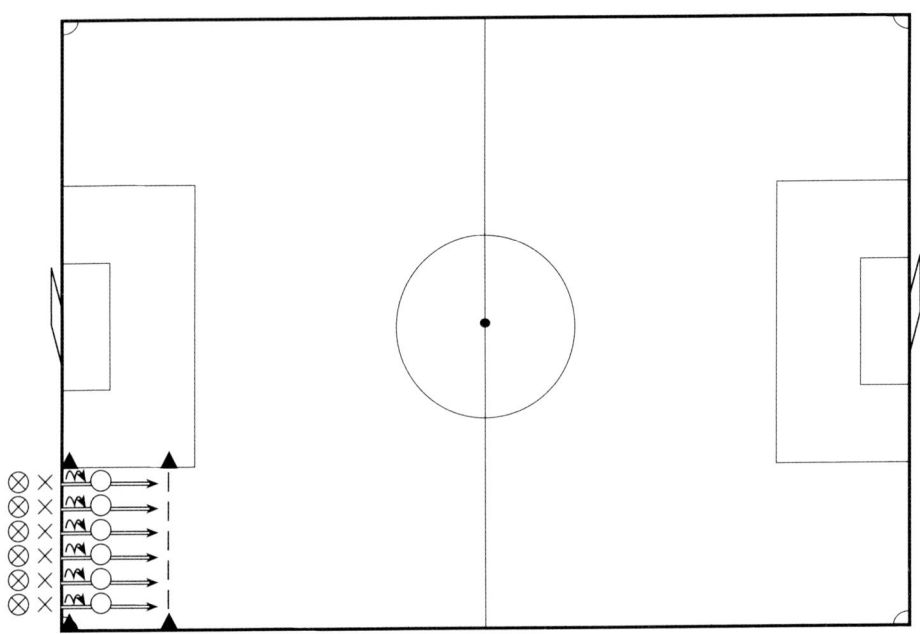

AUFGABENBESCHREIBUNG

Die Spieler sind je nach Teilnehmerzahl in Vierer- oder Fünfergruppen aufgestellt (z. B. hinter der Grundlinie). Auf das erste Zeichen des Trainers beginnen die Spieler derselben Startreihe mit der Ausführung der unten angeführten Übungen auf der Stelle, bevor sie auf das zweite Zeichen bis zum etwa 10 bis 15 Meter entfernt plazierten Ziel sprinten:

1. Anhocksprünge (explosives Anreißen beider Oberschenkel zur Brust, weiche Landung).
2. Strecksprünge aus der (maximal) rechtwinkligen Hocke; weiches Abfedern.
3. Einbeinsprünge mit Anreißen des Schwungbeins zur Brust; Wechsel des Sprungbeins vor jedem neuen Start.

(A)NMERKUNG, (V)ARIATION

(A)   Die Startzeichen erfolgen wechselweise zwischen dem 4. und dem 6. Sprung.

SPRINTS NACH SPRÜNGEN AUF DER STELLE

Anzahl der Spieler / Gruppengröße

Beliebig   Dreier- bis
                            Sechsergruppen

Geräte

8 Hütchen und mehr

Anwendung

Kurzprogramm

Trainingsschwerpunkt

Verbesserung der Schnelligkeit,
der Explosivität,
der Reaktion

Dosierung

3 Durchgänge pro Sprungform,
2 bis 3 Min. Dehnungs- und
Lockerungsphase vor jeder neuen
Sprungvariante

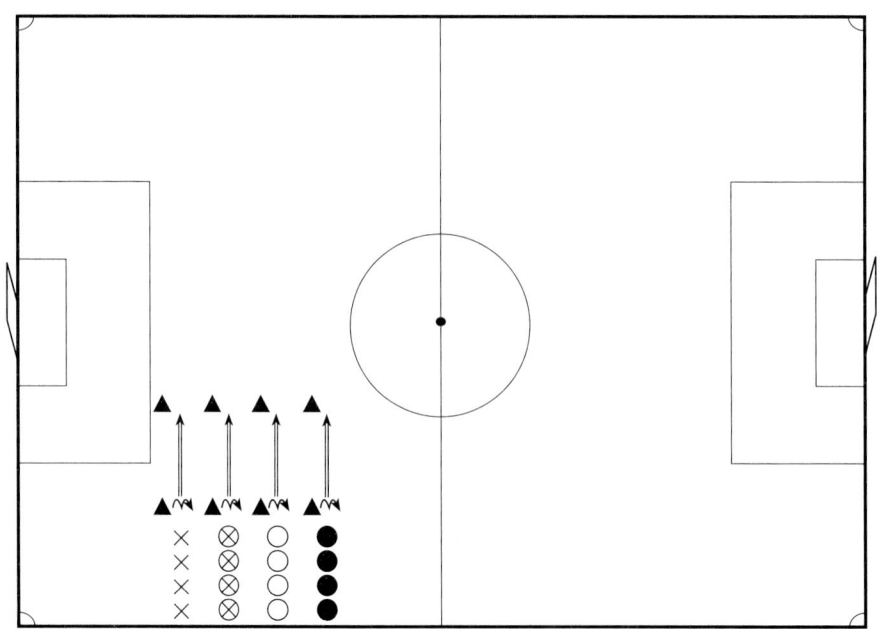

AUFGABENBESCHREIBUNG

Die Spieler stellen sich zu gleichen Teilen (Dreier-/Vierer- bis Sechsergruppen) hinter den etwa 8 bis 10 Meter langen Bahnen auf.

Auf das erste Kommando des Trainers beginnen die jeweils ersten Spieler jeder Gruppe mit der vorgegebenen Sprungvariante am Ort, um dann nach dem zweiten Zeichen des Trainers loszusprinten. Der zeitliche Abstand zwischen dem ersten und dem zweiten Startkommando sollte maximal 4 bis 6 Sprünge zulassen. Der Rückweg zum Start erfolgt sehr langsam in gehender und lockernder Weise.

1. Sprungvariante: simulierte Kopfballsprünge.
2. Sprungvariante: Einbeinsprünge rechts.
3. Sprungvariante: Einbeinsprünge links.
4. Sprungvariante: Umsteigesprünge.

(A)NMERKUNG, (V)ARIATION

■SPRINTPARCOURS MIT VORGESCHALTETEN SPRÜNGEN■

Anzahl der Spieler / Gruppengröße

Beliebig   Partnerform /
           Dreiergruppe

Anwendung

Kurzprogramm
Stationsbetrieb

Geräte

10 Hütchen

Trainingsschwerpunkt

Verbesserung der Schnellkraft,
des Antritts

Dosierung

3 bis 4 Mal 2 Runden,
3 bis 4 Min. Dehnungs- und
Lockerungsphase jeweils nach 2 Runden

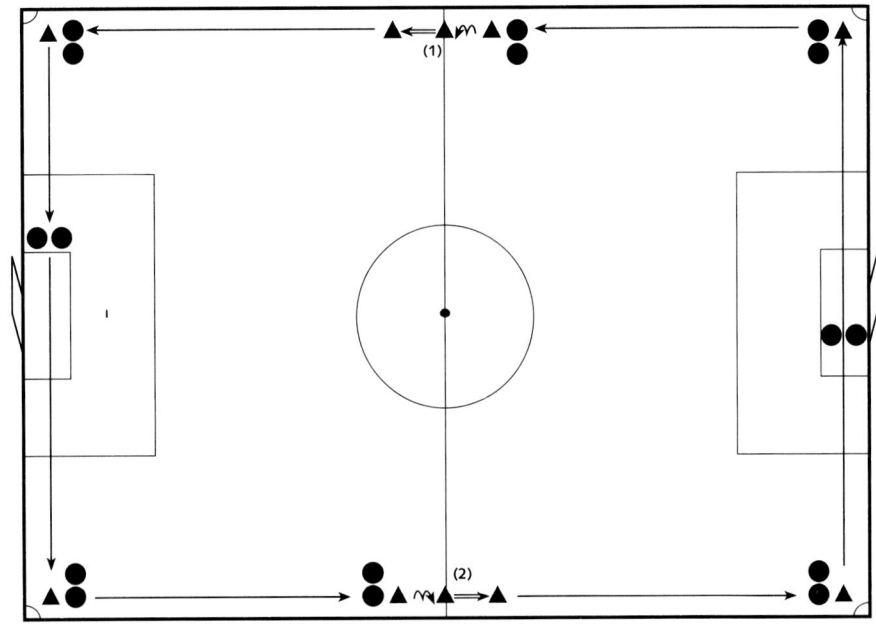

AUFGABENBESCHREIBUNG

Die vier Eckpunkte des Spielfeldes werden jeweils mit einem Hütchen versehen, die zwei Längsseiten sind durch je drei weitere Hütchen in der unten angeführten Weise markiert. Die Spieler postieren sich zu Beginn des Sprinttrainings partnerweise um den Platz. Aus dem betont langsamen, lockeren Trab heraus führen die Spieler an der Hütchenreihe vom 1. zum 2. Hütchen Sprungvarianten aus, um schließlich vom 2. zum 3. Hütchen zu sprinten.

1. Hütchenreihe: Anhocksprünge über 5 Meter vom 1. zum 2. Hütchen (gleichzeitiges explosives Anreißen beider Oberschenkel zur Brust mit Raumgewinn) und anschließendem Start zum etwa 8 Meter entfernt stehenden 3. Hütchen.

2. Hütchenreihe: Laufsprünge über 8 Meter mit darauffolgendem Sprint über 8 bis 12 Meter.

Die restlichen Strecken sind ausnahmslos in einem sehr langsamen, lockernden Trab zurückzulegen.

(A)NMERKUNG, (V)ARIATION

SPRINTS NACH KOORDINATIVEN ÜBUNGEN

Anzahl der Spieler / Gruppengröße

Beliebig　　　　　Beliebig

Geräte

6 Hütchen

Anwendung

Kurzprogramm

Trainingsschwerpunkt

Verbesserung der Koordination,
der Reaktion,
der Explosivität,
der Schnelligkeit

Dosierung

2 bis 3 Durchgänge pro Übung,
2 bis 4 Min. Dehnungspause vor jeder
neuen Übung

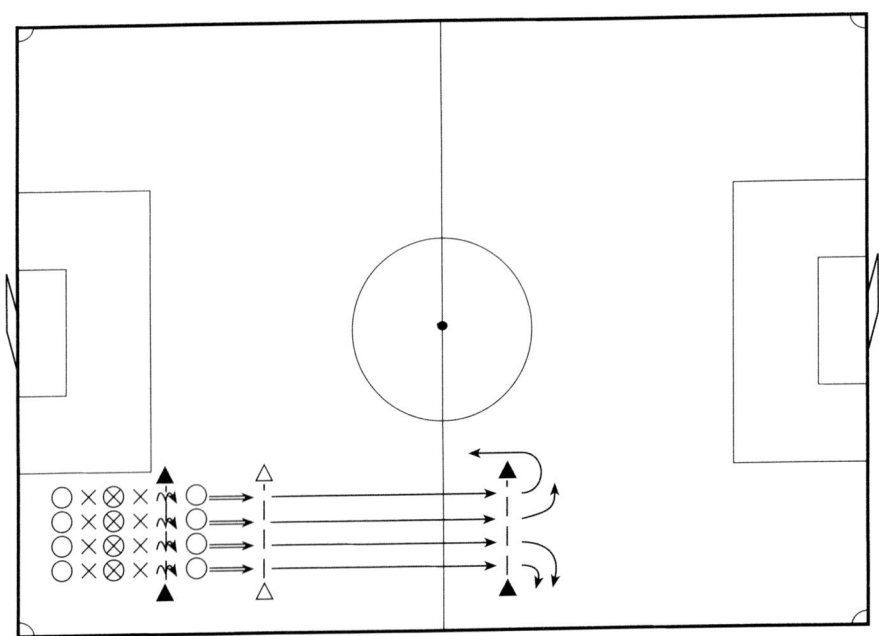

AUFGABENBESCHREIBUNG

Entsprechend der Anzahl der Spieler werden Dreier- bis Sechsergruppen gebildet, die sich hinter einer Startlinie aufstellen. Die Ziellinie ist bis zu 10 Meter entfernt. Eine weitere, etwa 30 bis 40 Meter von der Ziellinie entfernt aufgestellte Linie markiert die Auslauf- bzw. Gehstrecke, um die Erholung der Spieler besser zu gewährleisten. Die unten aufgelisteten Übungen führen die Spieler nach dem ersten Zeichen des Trainers so lange durch, bis das zweite Kommando zum Start erfolgt.

1. Skippings (kräftiger gegengleicher Armeinsatz); 2 bis 4 Sek. maximales Tempo!

2. Wechsel von schnellstem Anfersen und Kniehebelauf; bis 4 Sek.

3. Hampelmannsprünge auf der Stelle (Beine grätschen und gleichzeitiges Schließen der Arme bzw. umgekehrt); 3 bis 5 Sek.

4. Rhythmische Sprungübungen auf der Stelle: Rechter Ellenbogen und linkes angewinkeltes Knie berühren sich und umgekehrt; etwa 3 Mal links und 3 Mal rechts.

(A)NMERKUNG, (V)ARIATION

SPRINTPARCOURS MIT KOORDINATIVEN AUFGABEN

Anzahl der Spieler / Gruppengröße

Beliebig　　　　Partnerform /
　　　　　　　　Dreiergruppe

Geräte

13 Hütchen

Anwendung

Kurzprogramm

Trainingsschwerpunkt

Verbesserung der Koordination,
des Antritts,
der Explosivität

Dosierung

2 bis 3 Mal 2 Runden, unterbrochen
durch eine 2 bis 3 Min. Dehnungs- und
Lockerungsphase

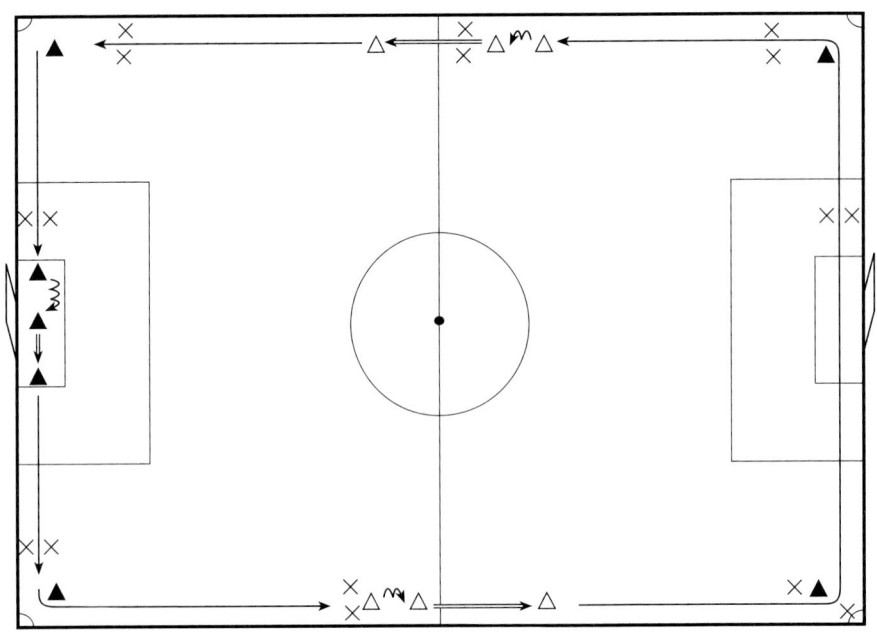

AUFGABENBESCHREIBUNG

Zwei Meter von den Eckfahnen eingerückt ist je 1 Hütchen plaziert. In der Mitte zwischen diesen Eckpunkten werden jeweils mit Hilfe dreier Hütchen zwei aneinandergrenzende 5-Meter-Strecken abgesteckt. Eine Querseite bleibt dabei frei.

Die Spieler stellen sich zu Übungsbeginn paarweise (oder in Dreiergruppen) an den 4 Eckpunkten bzw. an den aneinandergereihten Hütchen auf.

Aus einem lockeren, betont langsamen Trab heraus absolvieren die Spieler an jeder Hütchenreihe einen explosiven Antritt, nachdem sie die Strecke zwischen dem 1. und 2. Hütchen …

- im Kniehebelauf,
- durch explosives Anfersen der Unterschenkel,
- im Skipping

durchlaufen haben. Die 4. (freie) Querseite erfolgt ausschließlich im lockeren Trab.

(A)NMERKUNG, (V)ARIATION

(A)   Die Paare sind gehalten, den Abstand zum vorauslaufenden Gespann einzuhalten.

(V)   Im 2. Durchgang eventuell andere koordinative Aufgaben vorgeben.

SPRINTS MIT BALL

Anzahl der Spieler / Gruppengröße
Beliebig   Beliebig

Anwendung
Kurzprogramm

Geräte
4 Hütchen
Bälle entsprechend der Anzahl der
Teilnehmer

Trainingsschwerpunkt
Verbesserung der Koordination,
der zyklischen und azyklischen
Schnelligkeit

Dosierung
2 bis 3 Durchgänge,
2 bis 3 Min. Lockerungsphase zwischen
den Übungsblöcken

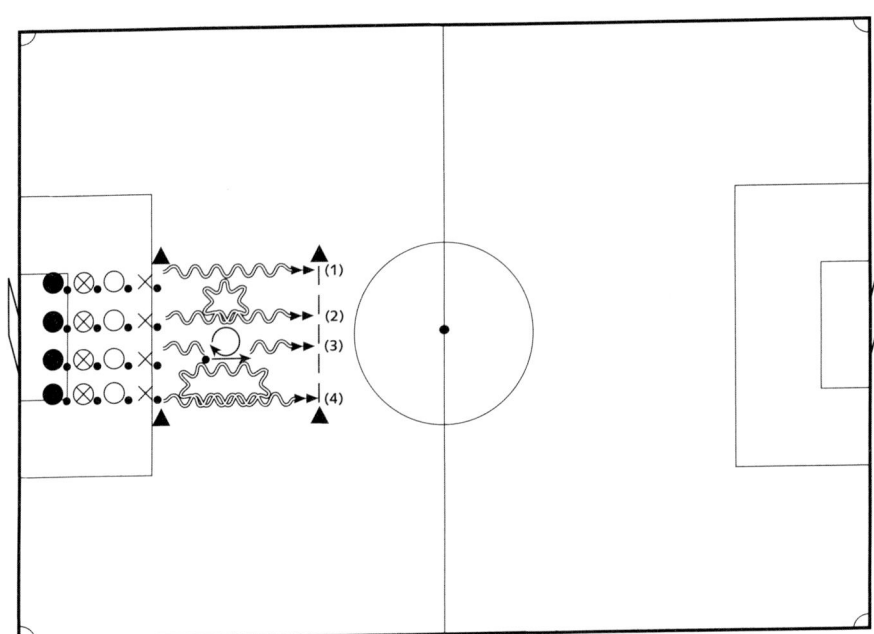

AUFGABENBESCHREIBUNG

Die Spieler, die alle im Besitz eines Balles sind, nehmen Aufstellung auf der Sechzehnmeterlinie. Auf das Kommando des Trainers:

1. dribbeln die Spieler im höchsten Tempo zur etwa 15 bis 20 Meter entfernt gekennzeichneten Ziellinie.

2. dribbeln die Spieler erneut los; es erfolgt (auf ein zweites Zeichen des Trainers) während des Dribblings eine Drehung mit Ball um die eigene Achse ...
   – per Innenseite
   – per Außenseite.

3. wie 2., doch nun erfolgt eine Drehung um die eigene Achse ohne Ball, der nur ganz kurz vorgespielt wird. Das zweite Kommando erfolgt nach etwa 5 Metern.

4. setzt ein Dribbling im Höchsttempo in Richtung Ziellinie ein. Der nächste Pfiff bedeutet Kehrtwende und Dribbling zurück zum Ausgangspunkt. Eventuell folgendes Kommando heißt: Erneute Wende und Dribbling zum Ziel.

(A)NMERKUNG, (V)ARIATION

Variante: Jede Gruppe ist in Besitz nur eines Balles. Nach dem Überdribbeln der Ziellinie erfolgt der Rückpaß zum nächsten Läufer.

FLIEGENDE STARTS

Anzahl der Spieler / Gruppengröße

Beliebig   Dreier- bis
                  Sechsergruppen

Geräte

12 Hütchen und mehr

Anwendung

Kurzprogramm

Trainingsschwerpunkt

Verbesserung der Koordination,
des Antritts,
der Schnelligkeit

Dosierung

Pro Vorgabe 3 Durchgänge,
vor jeder neuen Fortbewegungsart
2 bis 3 Min.
Dehnungs- und Lockerungsphase

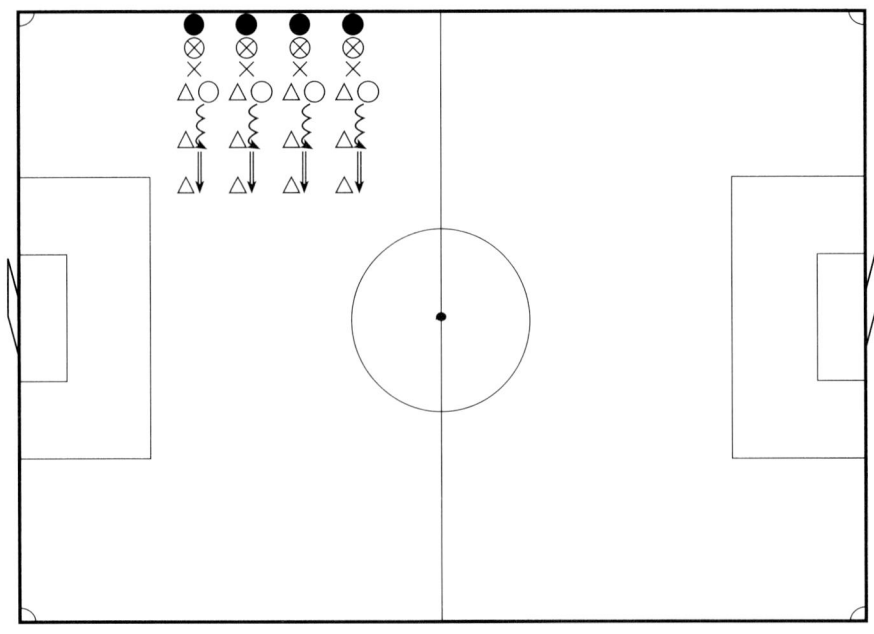

AUFGABENBESCHREIBUNG

Hinter den vier Reihen, die aus jeweils drei Hütchen bestehen, nehmen je 4 bis 6 Spieler hintereinander Aufstellung. Die drei Hütchen sind im Abstand von etwa 8 Metern zueinander gestellt.

Auf Zeichen des Trainers bewegen sich die ersten (zweiten ...) jeder Gruppe gemäß der Vorgabe zum zweiten Hütchen, um von dort zum dritten zu starten. Ab dort sollen sie locker austraben und langsam zum Ausgangspunkt zurückgehen.

1. Trab auf einer Höhe.
2. Rückwärtslauf.
3. Hopserlauf.
4. Seitgalopp.
5. Überkreuzläufe.

(A)NMERKUNG, (V)ARIATION

(A)   Der Abstand zwischen dem 2. und 3. Hütchen kann entsprechend der Trainingsintention verlängert werden.

Ein weiteres Hütchen könnte eventuell die Auslaufstrecke markieren.

FLIEGENDE STARTS AUS RÜCKWÄRTIGEN LÄUFEN

Anzahl der Spieler / Gruppengröße

Beliebig   Dreier- bis
                        Sechsergruppen

Geräte

6 Hütchen

Anwendung

Kurzprogramm

Trainingsschwerpunkt

Verbesserung der Schnelligkeit,
des Antritts,
der Reaktion,
der Koordination

Dosierung

2 bis 3 Starts pro vorgeschalteter
Rückwärtsbewegung,
2 bis 3 Min. Dehnungsphase vor jeder
neuen Fortbewegungsart

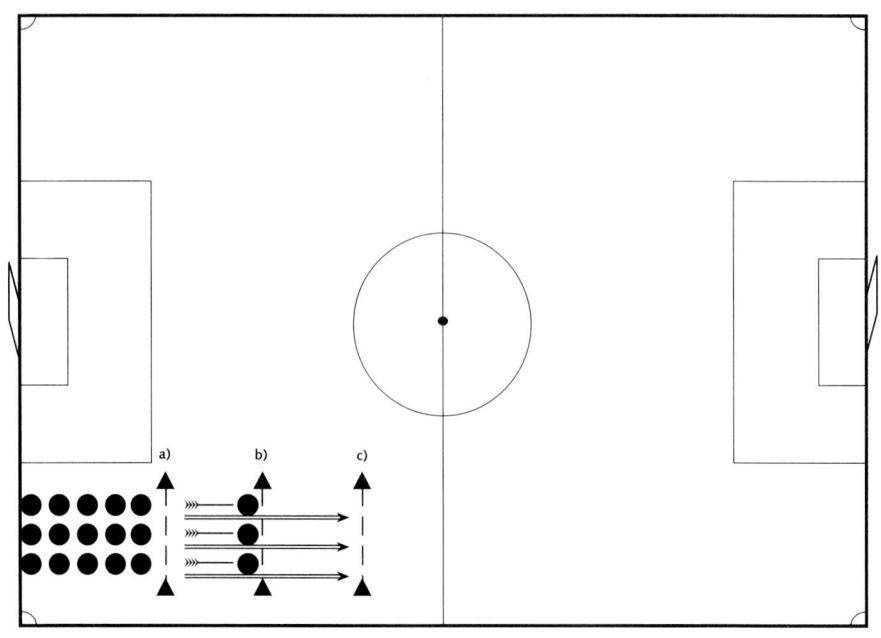

AUFGABENBESCHREIBUNG

Drei etwa 10 Meter breite Hütchenlinien sind im Abstand von 5 bzw. 10 Meter aufgestellt. Die Spieler gruppieren sich je nach Teilnehmerzahl in Dreier- bis Sechsergruppen hinter der ersten Hütchenlinie (a).

Die jeweils Startenden jeder Gruppe nehmen Aufstellung auf der zweiten Linie (b). Auf das Kommando des Trainers erfolgt der Start, der bei allen Formen mit einer Rückwärtsbewegung beginnt. Erst auf das zweite Zeichen des Trainers wird diese rückwärtige Fortbewegung abgebrochen. Es folgt ein explosiver Start bis zur Ziellinie (c).

Folgende Rückwärtsbewegungen werden den Starts vorgeschaltet:

1. Rückwärtslauf auf gleicher Höhe.
2. Kniehebelauf rückwärts.
3. Hopserlauf rückwärts.
4. Zickzack-Seitgalopp in der Rückwärtsbewegung.

(A)NMERKUNG, (V)ARIATION

(A)   Die Länge der Rückwärtsbewegungen beläuft sich auf 3 bis 5 Meter. Der Rückweg erfolgt gehend bzw. lockernd.

STARTS NACH GYMNASTISCHEN ÜBUNGEN

Anzahl der Spieler / Gruppengröße

Beliebig   Dreier- bis
Sechsergruppen

Geräte

4 Hütchen

Anwendung

Kurzprogramm

Trainingsschwerpunkt

Verbesserung der
(Antritts-)Schnelligkeit,
der Reaktion,
der Explosivität

Dosierung

3 Durchgänge pro Vorgabe,
2 bis 4 Min. Dehnungs- und
Lockerungsphase nach jedem
Übungsblock

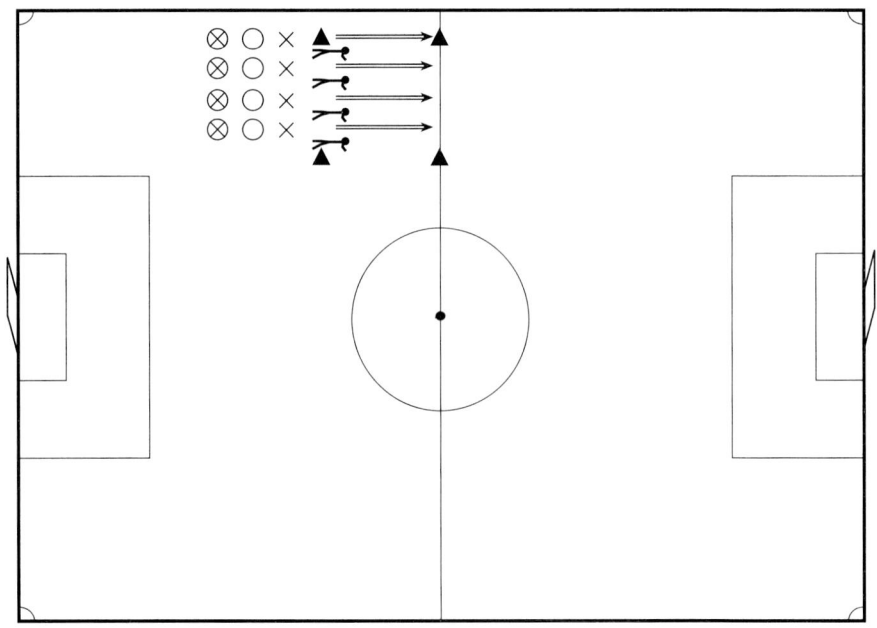

AUFGABENBESCHREIBUNG

Eine durch je 2 Hütchen markierte Start- und Ziellinie ist in einer Entfernung zwischen 10 und 20 Metern aufgebaut. Die Spieler gruppieren sich in gleich starken Gruppen hinter der Startlinie.

Nach verschiedenen gymnastischen Übungen erfolgt auf Kommando des Trainers der Start. Als Übungen, von denen vom ersten Zeichen des Trainers bis zu dessen zweitem Kommando (Zeichen zum Start) nur zwischen 3 bis 5 Wiederholungen möglich sein dürfen, bieten sich an:

1. Liegestützklatschen; aus dem Liegestütz erfolgt ein explosives Abdrücken mit den Armen, so daß ein kurzes In-die-Hände-Klatschen möglich ist, bevor die Hände sich erneut am Boden abstützen.
2. Anhocksprünge aus dem Liegestütz.
3. Hohe Anschlagsprünge; dabei werden nach beidbeinigem Absprung aus einem leichten Grätschstand die Fußinnenseiten in der Höhe von etwa 60 bis 80 cm zusammengeführt.

(A)NMERKUNG, (V)ARIATION

(A)   Nach dem Übersprinten der Ziellinie ist auf lockeres Auslaufen zu achten; der Rückweg zum Start wird gehend vorgenommen.

Eine etwa 30 bis 40 Meter lange Auslaufzone (zusätzlich markiert) wird hin und zurück gehend absolviert, um der optimalen Pausengestaltung Rechnung zu tragen.

Die Kurzprogramme

Kurzprogramme Ausdauer ohne Ball

GELÄNDELAUF

Anzahl der Spieler / Gruppengröße

Beliebig   Einzeln

Anwendung
Kurzprogramm
Stationsbetrieb

Trainingsschwerpunkt
Verbesserung der Grundlagenausdauer,
der Kraftausdauer

Dosierung
7 bis 12 Min.

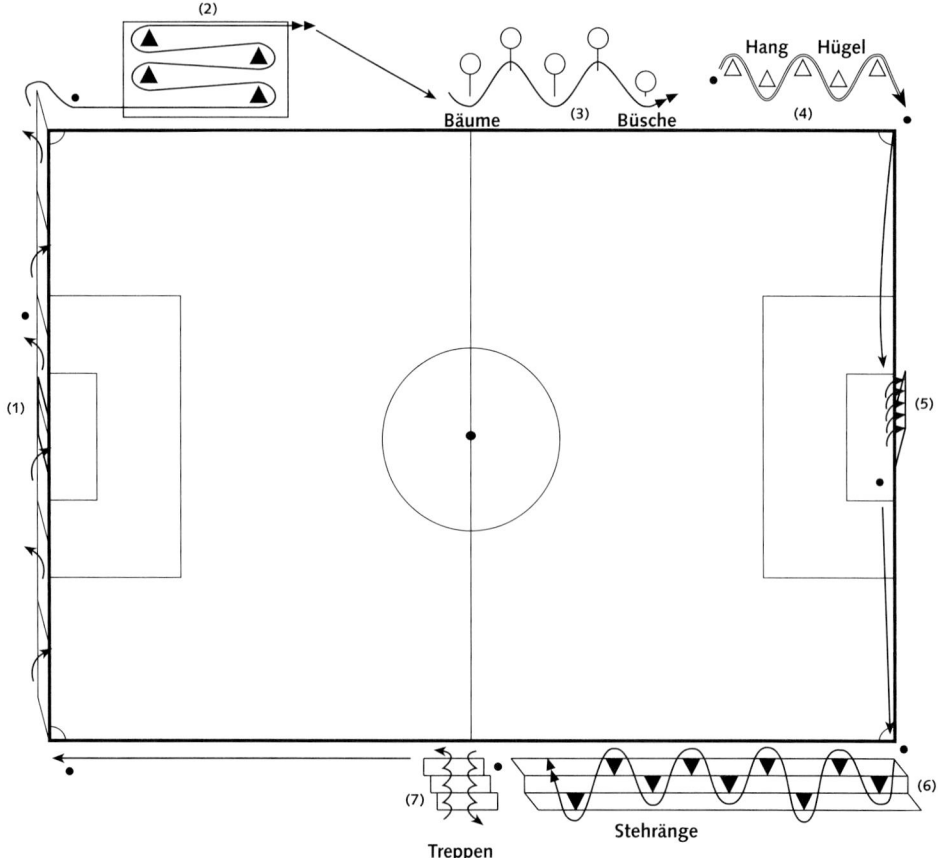

AUFGABENBESCHREIBUNG

Das einen Sportplatz umgebende Gelände und mögliche Einrichtungen werden hier exemplarisch in einen Lauf miteinbezogen, der damit zu einem «Geländelauf» wird. Folgende Möglichkeiten könnten ausgeschöpft werden:

1. Überqueren / Unterqueren der Barriere entlang einer Spielfeldbreite.
2. Hütchen in einer Sandgrube (siehe Zeichnung) werden umlaufen.
3. Büsche (Bäume) sind im Steigerungslauf zu umkurven.
4. An einer Anhöhe sind 5 versetzt stehende Hütchen (Trikots) als Slalomkurs zu durchsprinten; vor allem die ansteigenden Strecken gilt es zu beschleunigen.
5. An einem Tor (an beiden Toren) oder an einem beweglichen Tor ist aus dem Lauf 6 bis 8 Mal mit der Hand die Latte zu berühren.
6. Stehränge, durch Hütchen markiert, werden im Slalom hinauf und hinab in hohem Tempo gelaufen.
7. Treppen können im Schlußsprung oder Einbeinsprung absolviert werden, der Lauf hinab erfolgt im Trab.

(A)NMERKUNG, (V)ARIATION

(A) Der Phantasie, andere Geräte oder geographisch bedingte Gegebenheiten miteinzubeziehen, sind keine Grenzen gesetzt.

(A) Es ist darauf zu achten, daß das Geläuf um den Sportplatz keine verletzungsträchtigen Mulden, Löcher oder andere gefährliche Stellen aufweist.

FUSSBALLSPEZIFISCHE LAUFFORMEN

Anzahl der Spieler / Gruppengröße

Beliebig   Einzeln

Geräte

12 Hütchen
3 Bälle

Anwendung

Kurzprogramm
Stationsbetrieb

Trainingsschwerpunkt

Verbesserung der Grundlagenausdauer,
der fußballspezifischen Bewegungsabläufe

Dosierung

7 bis 10 Min.

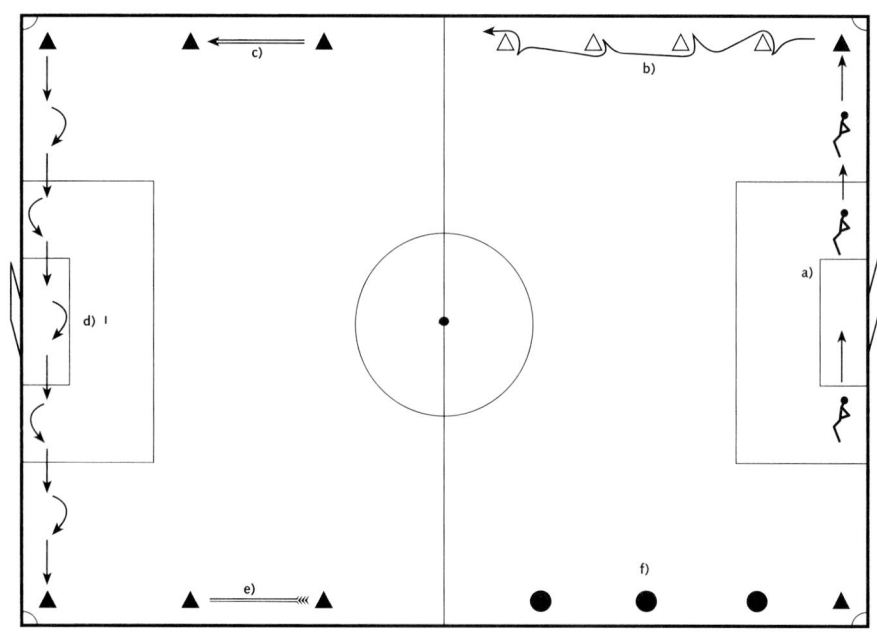

AUFGABENBESCHREIBUNG

Ungefähr 2 Meter von den Eckfahnen eingerückte Hütchen markieren die Eckpunkte der Laufbahn, die in 6 Abschnitte eingeteilt ist. Folgende fußballspezifische Bewegungen bzw. Fortbewegungsarten werden absolviert:

1. Querseite: 6 bis 8 imaginäre Kopfbälle mit einbeinigem Absprung aus dem Lauf (a).

1. Längshälfte: Rechtes/linkes bzw. linkes/rechtes Finten vor den Hütchen (b).

2. Längshälfte: Sprint über etwa 12 Meter (c).

2. Querseite: 6 bis 8 simulierte «Seitdrehstöße» im Wechsel von linkem und rechtem Bein aus dem Trab (d).

3. Längshälfte: Die durch Hütchen kenntlich gemachte Strecke wird in einer Rückwärts-seitwärts-Bewegung zurückgelegt, so als würde man den Rhythmus eines Gegenspielers aufnehmen und diesen attackieren (e).

4. Längshälfte: Die 3 etwa 10 Meter auseinanderliegenden Bälle werden in vollem Tempo angegrätscht (Blocktackling), ohne diese wegzuspielen (f).

(a)

(d)

(A)NMERKUNG, (V)ARIATION

(A)   Dieses Programm läßt sich ohne Probleme bei weniger Übungen auf eine Spielfeldfläche reduzieren.

(V)   Scheint die Übung (f) zu anspruchsvoll oder in Anbetracht der Bodenverhältnisse nicht durchführbar, so wird sie durch einen lockeren Trab mit 4 Drehungen um die eigene Achse ersetzt.

SEILCHENSLALOM

Anzahl der Spieler / Gruppengröße

Beliebig   Einzeln

Geräte

20 Sprungseile

Anwendung

Kurzprogramm
Stationsbetrieb

Trainingsschwerpunkt

Verbesserung des Antritts,
der Sprungkraft,
der Grundlagenausdauer

Dosierung

6 bis 8 Min.

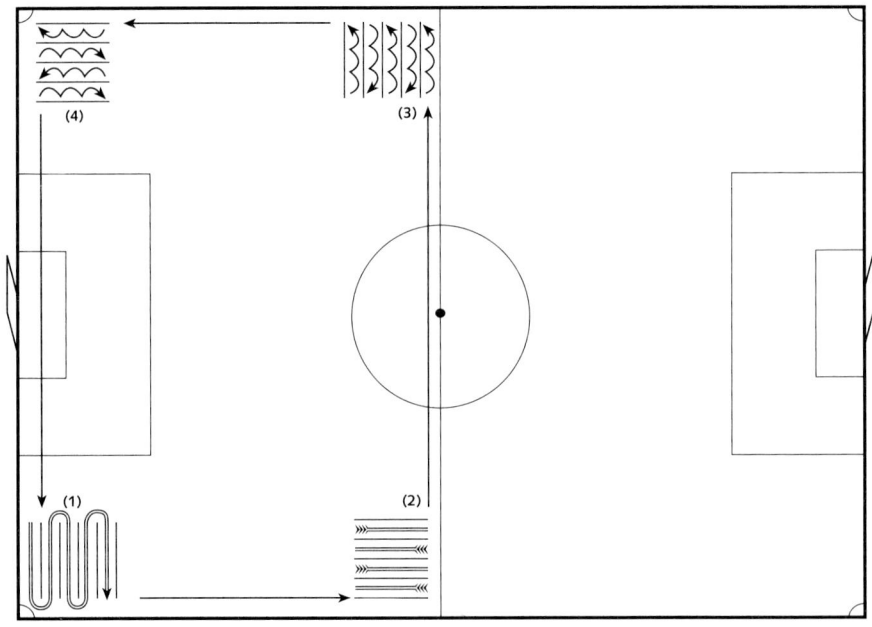

AUFGABENBESCHREIBUNG

In den Ecken eines halben (ganzen) Spielfeldes werden je 5 Sprungseile im Abstand von etwa 80 cm parallel zueinander abgelegt.

Indem die Spieler die Ecken des halben (ganzen) Feldes im zügigen Ausdauertempo anlaufen, absolvieren sie an den parallel liegenden Seilen wechselnde Lauf- und Sprungübungen:

1. Ecke: Sprint vorwärts im Slalom um die Seile.
2. Ecke: Sprint rückwärts im Slalom um die Seile.
3. Ecke: Einbeinsprung mit dem linken Bein im Slalom um die Seile.
4. Ecke: Einbeinsprung mit dem rechten Bein im Slalom um die Seile.

(A)NMERKUNG, (V)ARIATION

(A)   Bei Beteiligung aller Spieler gleichzeitig starten diese unmittelbar vor und hinter den Ecken und in der Mitte der Laufstrecke. Staus an den Ecken sind unbedingt zu vermeiden.

(V)   Erleichterung: Die Seile werden an den Eckpunkten des ganzen Feldes plaziert (Akzentuierung der Ausdauer).

DREIECKLAUF

Anzahl der Spieler / Gruppengröße

Beliebig

Einzeln /
Partnerform /
Dreiergruppe

Geräte

5 Hütchen

Anwendung

Kurzprogramm
Stationsbetrieb

Trainingsschwerpunkt

Verbesserung der fußballspezifischen
Ausdauer

Dosierung

6 bis 8 Min.

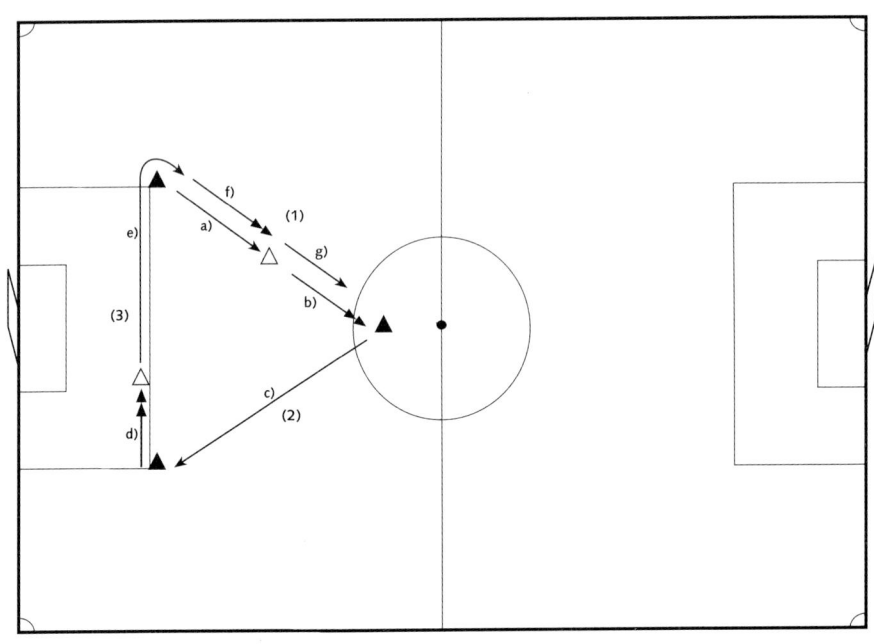

AUFGABENBESCHREIBUNG

Ein gleichseitiges Dreieck von ca. 40 Metern ist durch Hütchen in 5 unterschiedlich lange Abschnitte geteilt.

Die Spieler, die die Strecke einzeln, in Partnerform oder in Dreiergruppen durchlaufen, wechseln auf jeder Teilstrecke das Lauftempo zwischen Trab und Steigerungslauf. Durch die ungerade Zahl der Strecken ändert sich in jeder Runde die Belastung pro Teilstrecke. Der Start erfolgt an den Ecken.

Die Einteilung der Dreieckseiten wird in folgender Form vorgenommen:

1. Seite: Halbierung der Strecke.

2. Seite: Ungeteilt.

3. Seite: Ein Drittel zu zwei Drittel.

(A)NMERKUNG, (V)ARIATION

(A)   Als Kurzprogramm gedacht: Mehr als drei Spieler pro Gruppe führen besonders an den Ecken zu Behinderungen. Deshalb sind bei großer Teilnehmerzahl mindestens zwei Dreiecke zu erstellen.

(V)   Erschwerung: Der Steigerungslauf wird durch einen Sprint ersetzt (Sehr anspruchsvoll). Belastungszeit reduzieren!

FUSSBALLSPEZIFISCHE LÄUFE

Anzahl der Spieler / Gruppengröße

Beliebig   Einzeln /
                    Partnerform

Geräte

13 Hütchen

Anwendung

Kurzprogramm
Stationsbetrieb

Trainingsschwerpunkt

Verbesserung der fußballspezifischen
Ausdauer, der fußballspezifischen
Bewegungs-
abläufe

Dosierung

7 bis 10 Min.

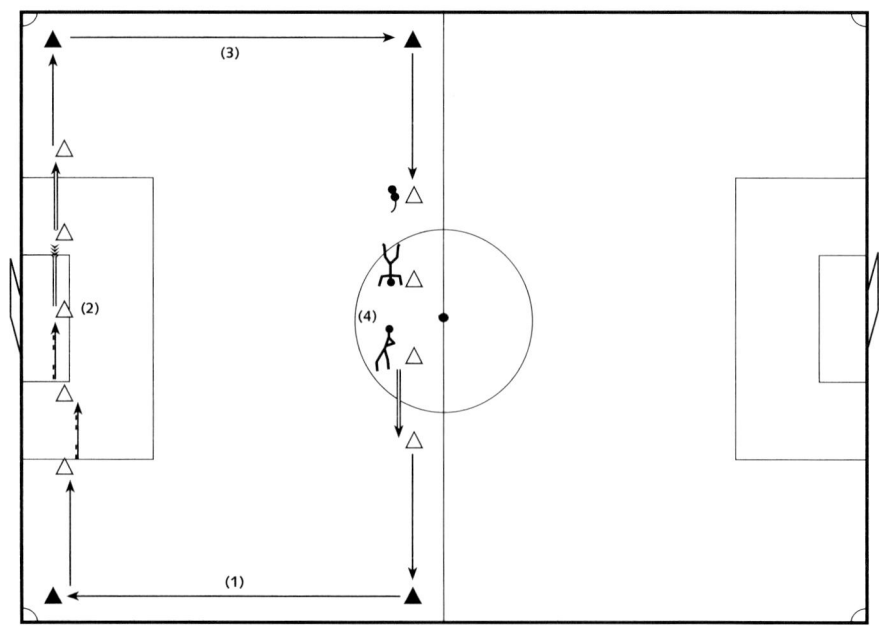

AUFGABENBESCHREIBUNG

Die durch Hütchen gekennzeichneten Seiten einer Spielfeldhälfte werden in 4 Laufabschnitte geteilt:

1. Seite: Trab.

2. Seite: 5 Hütchen im Abstand von ca. 8 bis 10 Metern plaziert, bilden 4 Zonen, die nacheinander im Wechsel von Seitgalopp links – Seitgalopp rechts – Rückwärtssprint und Vorwärtssprint zu durchlaufen sind.

3. Seite: Trab.

4. Seite: An den folgenden 4 Hütchen, die ebenfalls 8 bis 10 Meter entfernt zueinander stehen, wird hintereinander ein simulierter Kopfball aus dem einbeinigen Absprung, ein (fingierter) Flugkopfball und schließlich ein Tackling mit darauffolgendem Sprint zum letzten Hütchen ausgeführt.

Die Trabphasen erfolgen im zügigen Lauf, die 2. und 4. Seite wird in submaximalem Tempo durchlaufen.

(A)NMERKUNG, (V)ARIATION

(V)   Zur Erhöhung der Anforderung kann die 3. Seite auch im Steigerungslauf absolviert werden.

(V)   Ist der Flugkopfball bzw. das Tackling aus welchem Grund auch immer, nicht möglich, so wird ersatzweise eine Drehung um die eigene Achse links- bzw. rechtsherum absolviert.

LABYRINTH-LÄUFE (OHNE BALL)

Anzahl der Spieler / Gruppengröße

Beliebig   Partnerform

Geräte

15 Hütchen

Anwendung

Kurzprogramm

Trainingsschwerpunkt

Verbesserung der fußballspezifischen
Ausdauer

Dosierung

ca. 7 Min.

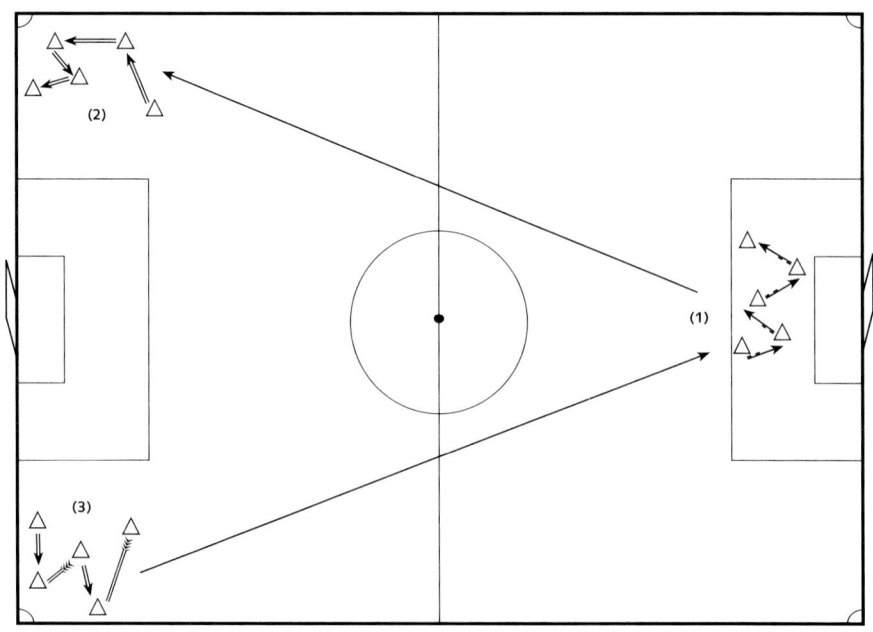

5 Hütchen, in einer Entfernung von 5 bis 6 Metern willkürlich erstellt, werden an den beiden Eckfahnen und im gegenüberliegenden Strafraum aufgebaut.

Diese Hütchenlabyrinthe werden nacheinander im lockeren Trab angelaufen:

1. Das Labyrinth im Sechzehnmeterraum wird im höchsten Seitgaloppwechsel-Tempo umlaufen.
2. Die Hütchen dieses Hütchendschungels werden im Höchsttempo angesprintet.
3. Die Hütchen dieses Labyrinths werden von Hut zu Hut rückwärts / vorwärts angesprintet.

Der Start erfolgt an den drei Ecken und im adäquaten Abstand zwischen den Gruppen auf den drei Laufstrecken.

Die Kurzprogramme

Kurzprogramme Ausdauer mit Ball

DRIBBEL- UND LAUFVIERECK FÜR PARTNER

Anzahl der Spieler / Gruppengröße

Beliebig   Partnerform

Geräte

14 Hütchen
Partnerweise 1 Ball

Anwendung

Kurzprogramm
Stationsbetrieb

Trainingsschwerpunkt

Verbesserung der fußballspezifischen
Ausdauer, des Dribblings

Dosierung

8 bis 12 Min.

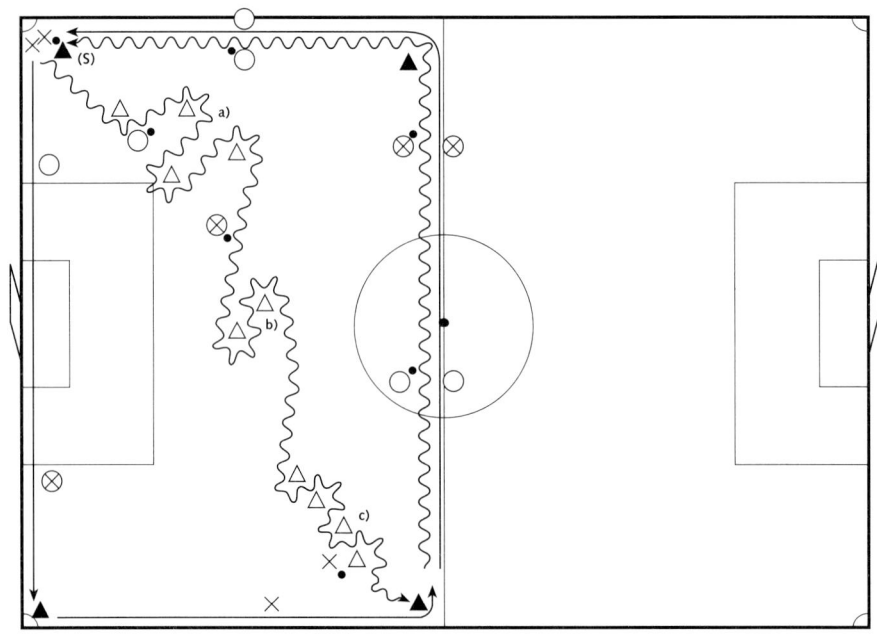

AUFGABENBESCHREIBUNG

Eine Spielfeldhälfte wird in ihren Ecken mit je einem Hütchen ausgestattet. Diagonal über das Halbfeld ist ein Slalomparcours erstellt, der sich aus einem unregelmäßigen Slalom (a) (mit 4 Hütchen), einem Hütchentor (b) (1 Meter breit) und einem regelmäßigen Slalom (c) (4 bis 6 Hütchen) zusammensetzt.

Je zwei Partner beginnen an dem (mit [S] für Start) gekennzeichneten Hütchen und durchlaufen den Parcours wechselweise auf getrenntem Wege. Das bedeutet, Partner A läuft 2 Ecken ohne Ball ab, während sein gleichzeitig beginnender Partner B diagonal durch das Halbfeld dribbelt, um am Ende der Slalomstrecke annähernd gleichzeitig mit seinem Pendant an der Ecke zusammenzutreffen. Dort erfolgt ein Austausch des Balles; im zügigen Ausdauertempo wird um die folgenden Ecken gelaufen, bis sich die Wege erneut trennen, nun allerdings mit getauschten Aufgaben.

(A)NMERKUNG, (V)ARIATION

(A)   Der Dribbelparcours ist so abzustecken (bzw. während des Laufes abzuändern), daß der Spieler ohne Ball ein forciertes Tempo laufen muß, um mit seinem diagonal dribbelnden Partner gleichzeitig an der dritten Ecke zusammenzutreffen.

PARTNERÜBUNGEN MIT 2 BÄLLEN

Anzahl der Spieler / Gruppengröße

Beliebig   Partnerform

Geräte

6 Hütchen

Pro Spieler 1 Ball

Anwendung

Kurzprogramm

Trainingsschwerpunkt

Verbesserung der fußballspezifischen
Ausdauer, der individuellen Technik

Dosierung

Bis 2 Min. pro Übung,
Pause nur zur kurzen Erläuterung der
neuen Übung

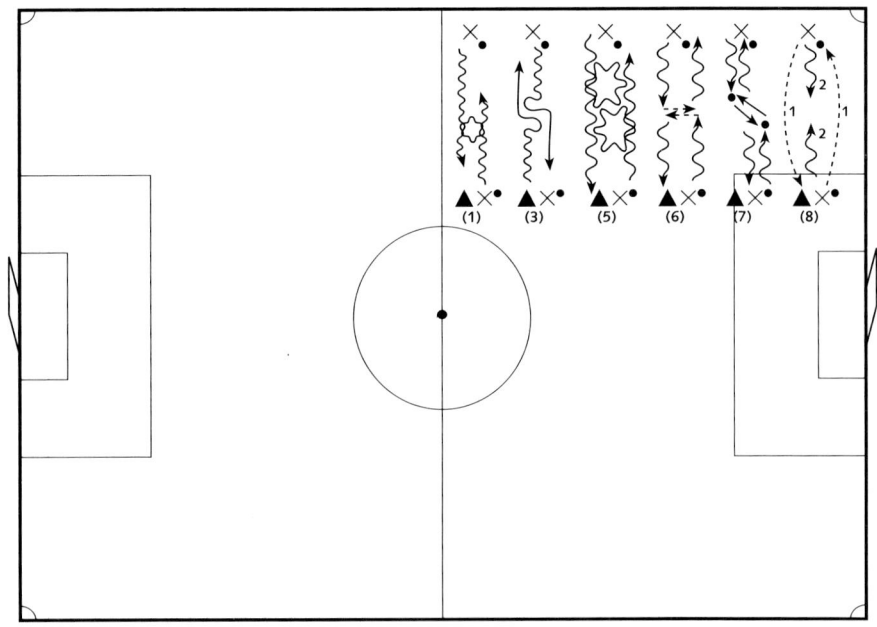

AUFGABENBESCHREIBUNG

Während die Spieler der Gruppe A entlang der Seitenauslinie aufgereiht sind, postieren sich die anderen Spieler auf einer durch Hütchen kenntlich gemachten Linie, etwa 10 bis 15 Meter davon entfernt. Je zwei gegenüberstehende Spieler – jeder im Besitz eines Balles – kooperieren ständig, indem sie gleichzeitig von ihrer Linie wegdribbeln, um folgende Übungen auszuführen:

1. Umdribbeln des auf der Mitte entgegenkommenden Partners und zurück zum Start.

2. Steigerung von 1.: Beim Zusammentreffen mit dem Partner kommt es zum Schulterkontakt, indem die linke Schulter an der linken Schulter des Partners lehnt. Mit dem rechten Fuß wird dann per Sohle eine halbe Drehung um die eigene Achse vollzogen. Anschließend zurückdribbeln.

3. Etwa 3 Meter vor dem Passieren des Partners (beide gleichzeitig) rechts antäuschen und links wegdribbeln (auch: links antäuschen und rechts wegdribbeln).

4. Wie 3., nur mit Übersteiger.

5. Auf den Partner zudribbeln, ausholen zum Schuß (Schußfinte), gleichzeitige Drehung mit dem Ball per Innenseite um die eigene Achse und weiterdribbeln zur anderen Seite (Wiederholung auch per Außenseite).

6. Die leicht versetzt aufeinander zudribbelnden Partner spielen ihren Ball etwa 2 Meter vor dem Passieren des Gegenübers quer in dessen Lauf.

7. Ungefähr 3 Meter vor dem Aufeinandertreffen der beiden Partner stoppt jeder seinen Ball per Sohle und erläuft den ruhenden Ball des Partners.

8. Austausch von Einwürfen, die an- und mitgenommen werden.

(A)NMERKUNG, (V)ARIATION

SPRUNG- UND DRIBBELLABYRINTH

Anzahl der Spieler / Gruppengröße

Beliebig   Zweier- bis
Sechsergruppen

Anwendung

Kurzprogramm
Stationsbetrieb

Geräte

20 bis 24 Hütchen
Pro Spieler 1 Ball

Trainingsschwerpunkt

Verbesserung der Ballführung,
der Grundlagenausdauer,
der Sprungkraft

Dosierung

6 bis 8 Min.

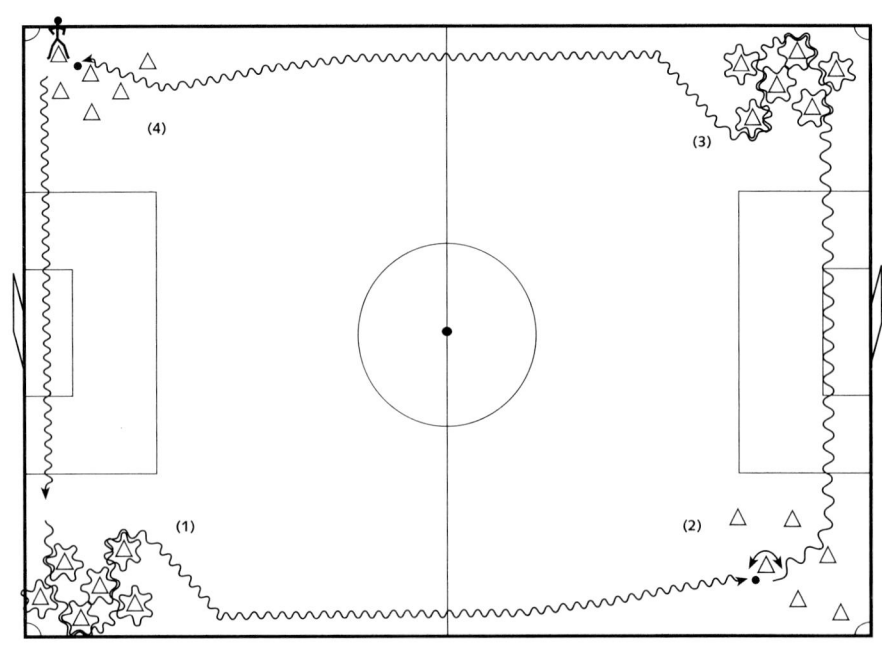

AUFGABENBESCHREIBUNG

An den 4 Ecken eines ganzen (halben) Spielfeldes sind jeweils 5–6 Hütchen im Abstand von etwa 2 Metern willkürlich verteilt. Jeder Spieler ist mit einem Ball ausgestattet. Während alle vier Seiten im zügigen Dribbling überwunden werden, absolvieren die Spieler an den Ecken die Vorgaben wie folgt:

1. Vollständiges Umdribbeln aller Hütchen nur mit dem rechten Fuß (Wechsel von Innen- und Außenseite).
2. 10 Schlußsprünge über 1 Hütchen auf der Stelle; Ball ruht an der Seite.
3. Erneutes Umdribbeln aller Hütchen, jetzt allerdings nur mit dem linken Fuß (Wechsel von Innen- und Außenseite).
4. Ball ablegen, 10 Anschlagsprünge aus der Grätschstellung (Hütchen zwischen Beinen, beidbeiniger Absprung, beide Fußinnenseiten schlagen über der Hütchenspitze zusammen), Landung im Grätschstand.

(A)NMERKUNG, (V)ARIATION

(V)   Bei 2. Umsteigesprünge anstelle der Schlußsprünge.

(A)   Als Kurzprogramm ganzen Platz nutzen, im Stationsbetrieb eventuell auf das halbe Feld reduzieren.

VIERECKLAUF MIT KOPFBALLZUSPIELFORMEN

Anzahl der Spieler / Gruppengröße

Beliebig   Partnerform

Geräte

4 Hütchen

Partnerweise 1 Ball

Anwendung

Kurzprogramm

Stationsbetrieb

Trainingsschwerpunkt

Verbesserung der Grundlagenausdauer,

des Kopfballspiels,

des Ballgefühls

Dosierung

8 bis 12 Min.

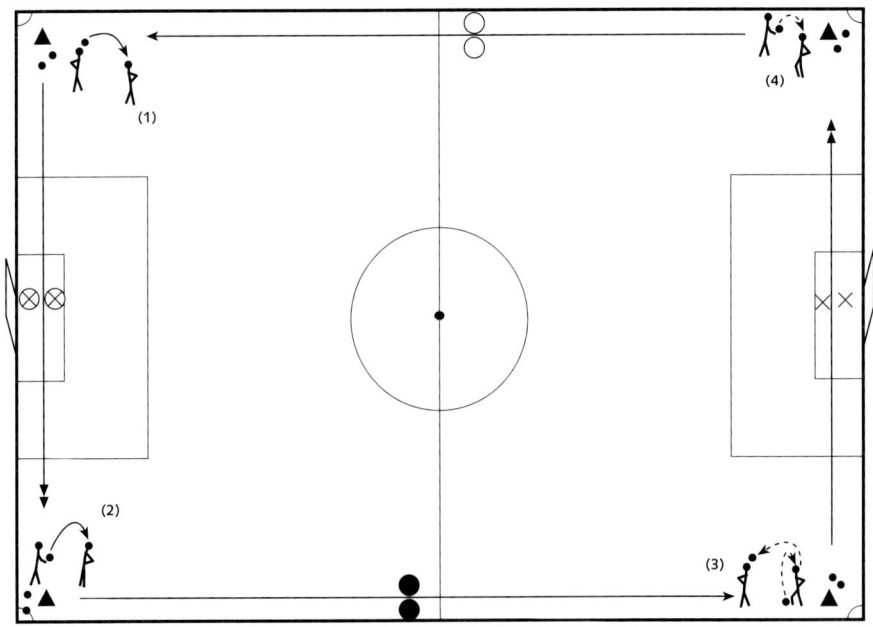

AUFGABENBESCHREIBUNG

An den Ecken des Spielfeldes sind je 3 Bälle deponiert. Auf dem Weg um den Sport-platz, der partnerweise (ohne Ball) erfolgt, werden an den Eckpunkten verschiedene Zuspielformen praktiziert.

1. Ecke: 15 Mal Kopfballzuspiel, Steigerungslauf zum nächsten Eckpunkt.

2. Ecke: Partner A wirft Partner B (von unten nach oben) den Ball 10 Mal zum Kopfball zu, Trab zur nächsten Ecke.

3. Ecke: Nach maximal 3 Ballkontakten aus dem (halb-)hohen Zuspiel wird der Ball beim 4. Kontakt per Kopf zum Partner gespielt (3 bis 4 Mal pro Spie-ler), Steigerungslauf zur nächsten Station.

4. Ecke: 2. mit Rollentausch; Partner B wirft nun A den Ball zum Kopfball zu (10 Mal), Trab zur folgenden Ecke.

Der Start erfolgt an den 4 Eckpunkten, an den beiden Fünfmeterräumen und an der Mittellinie.

(A)NMERKUNG, (V)ARIATION

(A)   Im Stationsbetrieb reduziert sich die Umlaufbahn auf eine Spielfeldhälfte. Der Lauf erfolgt ausschließlich im Ausdauertempo.

Zur jeweils folgenden Station gelangt man, indem man eine Runde um das Halbfeld und die Distanz zur nächsten Station läuft.

(V)   Erscheint die 3. Aufgabe zu schwierig, so wird sie erleichtert, indem jeder einen Ball 20 bis 30 Mal per Kopf jongliert.

DREIECKLAUF MIT SPRUNGKRAFTÜBUNGEN

Anzahl der Spieler / Gruppengröße

Beliebig   Beliebig

Anwendung

Kurzprogramm

Geräte

4 Hütchen
Pro Spieler 1 Ball

Trainingsschwerpunkt

Verbesserung der Grundlagenausdauer,
der Technik

Dosierung

8 Min. pro Dreieck

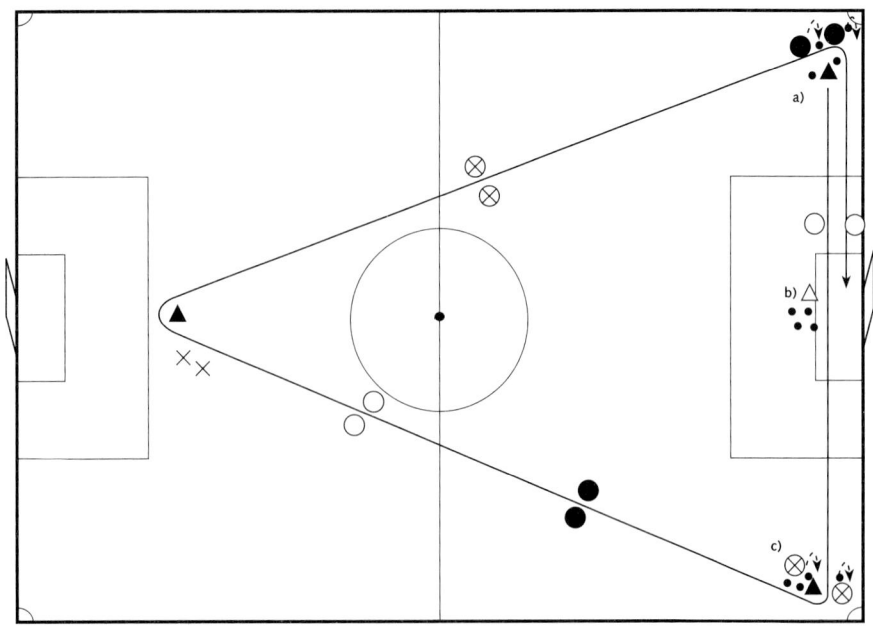

Auf dem Spielfeld wird ein Dreieck abgesteckt, dessen Spitze an der Sechzehnmeter-linie, die beiden anderen Eckpunkte nahe den Eckfahnen liegen. Die Strecke zwischen den Eckfahnen wird durch ein weiteres Hütchen halbiert. An den drei Hütchen entlang der Grundlinie werden entsprechend der Teilnehmerzahl jeweils 3 bis 4 Bälle bereitgelegt. Mit den auf dieser Seite bereitliegenden Bällen wird am ...

1. Hütchen: 10 bis 15 Mal per Kopf jongliert (a), am ...

2. Hütchen: 10 bis 15 Mal per Oberschenkel jongliert (b) und am

3. Hütchen: 10 bis 15 Mal per Fuß jongliert (c).

Dazwischen wird allerdings immer erst eine Runde um die gegenüberliegende Dreiecksspitze in hohem Ausdauertempo gelaufen, bevor am folgenden Hütchen die nächste Jongliervorgabe absolviert wird.

(A)NMERKUNG, (V)ARIATION

(A)   Als Kurzprogramm genutzt, können bei einer großen Teilnehmerzahl zwei Dreiecke gegengleich erstellt werden.

(V)   Dieser Dreiecklauf ist auch als Lauf mit Ball durchführbar.

(A)   Eventuelle Ersatzbälle sind an den Jonglierstationen bereitzulegen.

JONGLIER- UND DRIBBELDREIECK

Anzahl der Spieler / Gruppengröße

Beliebig   Einzeln

Geräte

5 Hütchen
Pro Spieler 1 Ball

Anwendung

Kurzprogramm
Stationsbetrieb

Trainingsschwerpunkt

Verbesserung der Grundlagenausdauer,
der Ballführung,
des Ballgefühls

Dosierung

8 bis 12 Min.

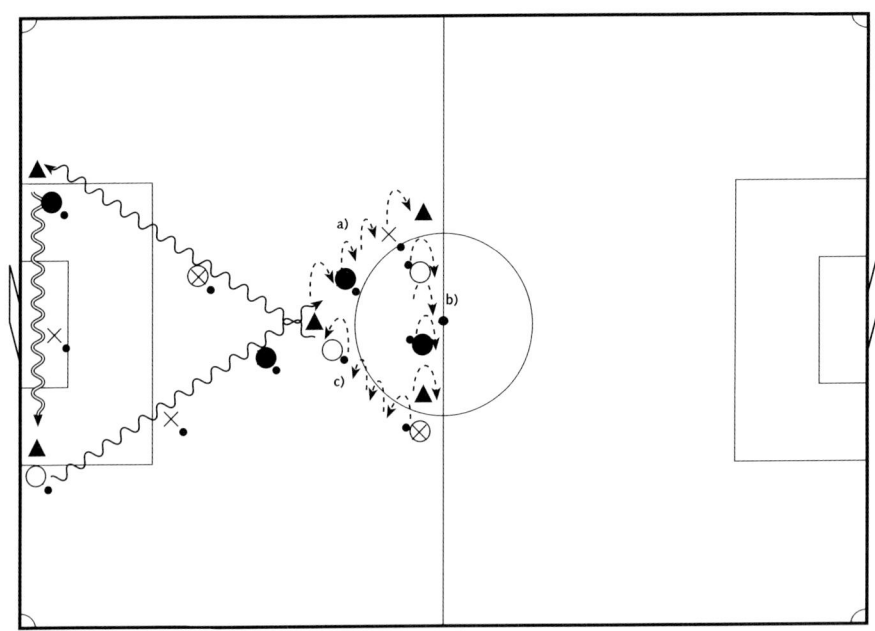

AUFGABENBESCHREIBUNG

Einem gleichseitigen Dreieck mit einer Seitenlänge von etwa 40 Metern schließt sich an dessen Spitze ein weiteres, mit 10 bis 15 Metern bemaßtes Dreieck an.

Während die 3 Seiten des kleinen Dreiecks im wechselnden Jonglieren des Balles …

a) per Fuß,

b) per Oberschenkel und

c) per Kopf absolviert werden,

gilt es die 1. und 3. Seite des großen Dreiecks im Ausdauertempo, die 2. und damit mittlere Strecke im Tempodribbling zu durchlaufen.

(A)NMERKUNG, (V)ARIATION

DRIBBELPARCOURS

Anzahl der Spieler / Gruppengröße

Beliebig   Einzeln

Geräte

18 bis 22 Hütchen
Pro Spieler 1 Ball

Anwendung

Kurzprogramm
Stationsbetrieb

Trainingsschwerpunkt

Verbesserung der Grundlagenausdauer,
des Dribbelns und Fintierens

Dosierung

8 bis 12 Min.

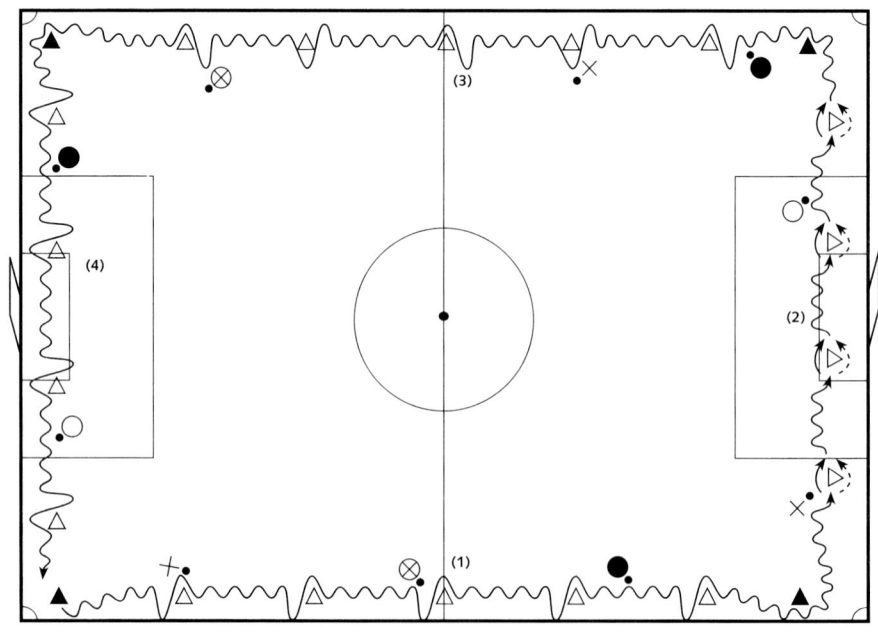

AUFGABENBESCHREIBUNG

Die 4 Ecken des Sportplatzes (der Spielfeldhälfte) sind mit je einem Hütchen markiert. Die Strecken zwischen den Ecken werden auf der Längsseite mit 4 bis 5 Hütchen, die Querstrecken mit 3 bis 4 Hütchen versehen.

Alle Spieler sind im Besitz eines Balles und verteilen sich rund um das Spielfeld, um verschieden vorgegebene Finten an den Hütchen anzuwenden.

1. Seite: Übersteiger (Ball liegt neben rechter Außenseite, seitliches Übersteigen mit dem rechten Fuß, Absetzen des Fußes und Wegnehmen des Balles mit linker Außenseite nach links).

2. Seite: Ball aus dem Dribbling mit der Fußspitze über das Hütchen heben.

3. Seite: Doppelter Übersteiger.

4. Seite: Hütchen andribbeln, den Ball z. B. mit rechter Sohle zurückziehen und per rechte Innenseite nach rechts wegdribbeln.

(A)NMERKUNG, (V)ARIATION

TECHNIK-LAUF-QUADRAT

Anzahl der Spieler / Gruppengröße

4 bis 12   Einzelarbeit

Anwendung

Stationsbetrieb

Geräte

12 (24) Hütchen

Der Ballbedarf richtet sich nach der
Anzahl der Spieler, vorsorglich sind
jedoch mehr Bälle bereitzulegen

Trainingsschwerpunkt

Verbesserung der technischen
Fertigkeiten, der Grundlagenausdauer

Dosierung

8 bis 12 Min.

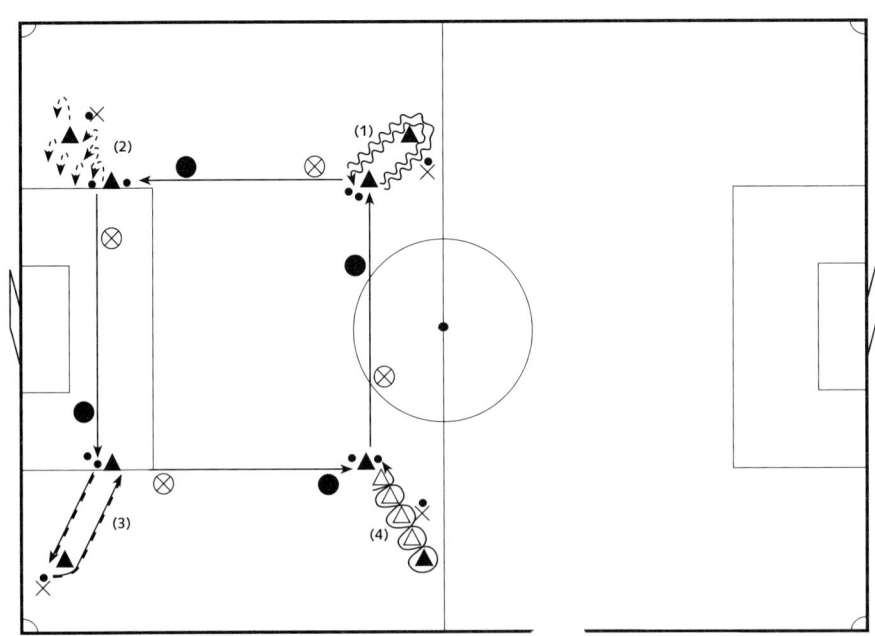

AUFGABENBESCHREIBUNG

Ein ungefähr 40 x 40 Meter großes Quadrat, durch Hütchen abgesteckt, wird im Ausdauertempo umlaufen.

An den 4 Ecken, an denen jeweils 2 (bis 4) Bälle deponiert sind, gilt es unterschiedliche technische Fertigkeiten zu üben bzw. zu festigen. Bei Beteiligung von 4 Spielern erfolgt der Start an den Eckpunkten mit dem technischen Übungselement, sind mehrere Spieler eingebunden, starten diese verteilt über die Laufstrecken bzw. Ecken.

Als Übungen an den 4 Markierungshütchen sind vorgesehen:

1. Übung: Schnelles Dribbling um ein 8 Meter entfernt stehendes Hütchen, Ball zurücklassen.

2. Übung: Beliebiges Jonglieren des Balles um ein 5 Meter wegstehendes Hütchen, Ball dort hinterlassen.

3. Übung: Führen des Balles per Sohle (seitliche Fortbewegung, Ball zum Standbein in Laufrichtung heranziehen) – Wechsel des Spielbeines auf dem Rückweg. Ball dort hinterlassen.

4. Übung: Slalom (hin und zurück) um 5 ca. 1 Meter auseinandergerückte Hütchen. Ball dort hinterlassen.

(A)NMERKUNG, (V)ARIATION

(A)   Als Kurzprogramm geplant, sind zwei Quadrate für je acht Spieler zu erstellen.

(V)   Möglicherweise kann der Lauf ums Quadrat auch mit Ball erfolgen. Somit ist jeder Spieler von Anbeginn mit einem Ball ausgerüstet.

(V)   Das Kurzprogramm ist auch als Dreieck denkbar.

(V)   Nach jeder Übung an der Ecke umläuft der Spieler erst 1 Mal das Viereck, um dann die folgende Übung anzugehen.

(V)   Zwei gegenüberliegende Seiten können im Steigerungslauf absolviert werden.

ZUSPIELFORMEN

Anzahl der Spieler / Gruppengröße

Beliebig   Partnerform

Geräte

8 Hütchen

Partnerweise 1 Ball

Anwendung

Kurzprogramm

Stationsbetrieb

Trainingsschwerpunkt

Verbesserung der Grundlagenausdauer,
der Paßsicherheit

Dosierung

8 bis 12 Min.

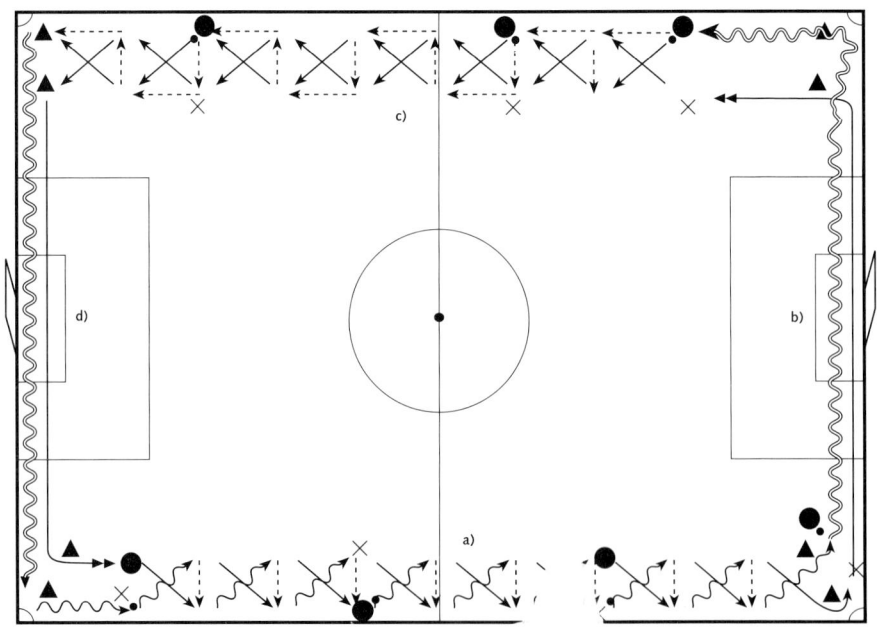

AUFGABENBESCHREIBUNG

Etwa 3 Meter von jeder Sportplatzecke eingerückt, stehen jeweils zwei ca. 4 Meter auseinanderstehende Hütchen. Die partnerweise mit einem Ball ausgestatteten Spieler starten an einem der vier Eckpunkte bzw. auf einer der vier Geraden, indem sie sich den Ball wie folgt zuspielen:

1. Längsseite: Spieler A, der etwa 3 bis 4 Meter von B entfernt postiert ist, dribbelt diagonal nach vorne und spielt dem in seinem Rücken kreuzenden Partner B den Ball anschließend quer in den Lauf. Nun dribbelt B seinerseits wieder diagonal (a) ...

1. Querseite: Tempodribbling durch Partner A. Spieler B hält dieses Tempo ohne Ball (b).

2. Längsseite: Spieler A spielt einen Steilpaß über etwa 4 bis 5 Meter, den Partner B erläuft, nachdem beide Spieler ihren Weg gekreuzt haben und somit die Position mit dem Partner getauscht haben. Nun spielt B einen Querpaß zurück zu A, der erneut steil spielt und sofort wieder mit seinem Partner kreuzt. Erneuter Querpaß von B (c) ...

2. Querseite: Spieler B führt nun den Ball in forciertem Tempo. Spieler A hält dieses Tempo ohne Ball (d).

(A)NMERKUNG, (V)ARIATION

(A)   Im Stationsbetrieb beschränkt sich der Umlauf nur auf eine Spielfeldhälfte – in der anderen Hälfte kann eventuell gleichzeitig gespielt werden.

(V)   Alternativ können die beiden Querseiten per direktes Zuspiel absolviert werden.

FINTENLAUF

Anzahl der Spieler / Gruppengröße

Beliebig   Einzeln

Geräte

14 Hütchen

Pro Spieler 1 Ball

Anwendung

Kurzprogramm

Stationsbetrieb

Trainingsschwerpunkt

Verbesserung der Grundlagenausdauer,
der Ballführung,
des Fintierens

Dosierung

8 bis 12 Min.

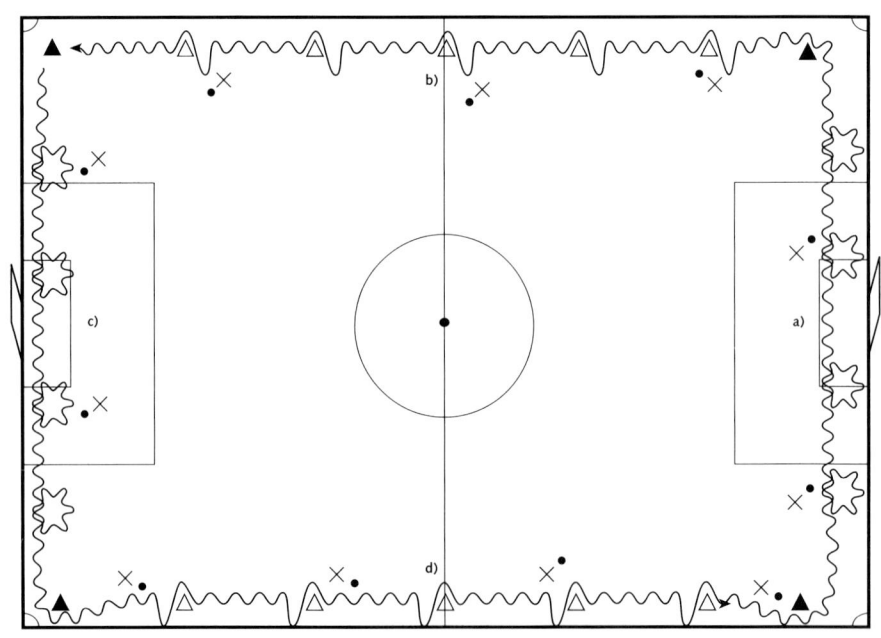

Jeder Spieler ist im Besitz eines Balles. Beim Umlaufen der an den Ecken des Feldes postierten Hütchen werden auf den Längs- bzw. Querseiten verschiedene Finten abgerufen:

1. Querseite: Auf dieser Strecke werden nach einer Ausholbewegung (Schußfinte) enge Drehungen um die eigene Achse per Innenseite im Wechsel von linkem und rechtem Fuß geübt (a).

1. Längsseite: An jedem der 5 Hütchen wird rechts angetäuscht und links weggedribbelt (b).

2. Querseite: Diese Distanz wird zurückgelegt, indem nach einer Ausholbewegung (Schußfinte) engste Drehungen mit Ball per Außenseite absolviert werden (c).

2. Längsseite: Die 5 Hütchen werden mit einer Täuschung nach links angegangen und nach rechts weggehend umspielt (d).

(A)NMERKUNG, (V)ARIATION

(A)   Zur Nutzung im Stationsbetrieb wird das Programm auf einer Spielfeldhälfte absolviert.

BANKPARCOURS

Anzahl der Spieler / Gruppengröße

4 bis 8   Einzeln

Geräte

6 Bänke
4 Hütchen
Pro Spieler 1 Ball

Anwendung

Stationsbetrieb

Trainingsschwerpunkt

Verbesserung der Grundlagenausdauer,
der Paßgenauigkeit,
der Ballannahme und -mitnahme

Dosierung

8 bis 12 Min.

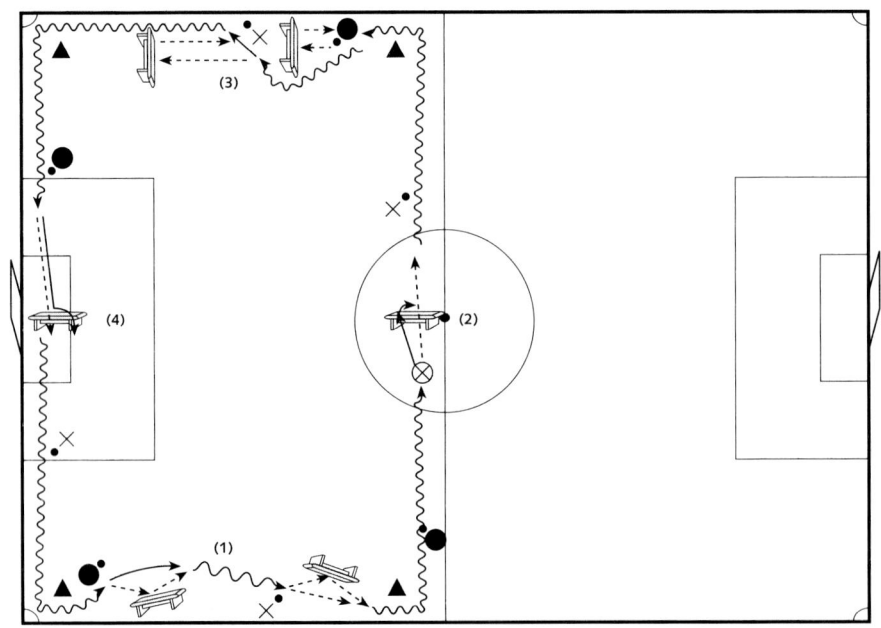

AUFGABENBESCHREIBUNG

Alle Spieler sind im Besitz eines Balles und umdribbeln die 4 in den Ecken des halben Spielfeldes plazierten Hütchen. Die die Strecke säumenden Bänke werden in unterschiedlicher Form in den Lauf miteinbezogen.

1. Übung: Zwei im Abstand von etwa 20 Metern auseinanderliegende und leicht diagonal zur Laufrichtung ausgerichtete Bänke werden aus dem Dribbling als «Wand(spieler)» genutzt (Einfallswinkel gleich Ausfallswinkel!).

2. Übung: Eine in der Mitte der zweiten Strecke quer zur Laufrichtung aufgestellte Bank wird aus einer Entfernung von 5 bis 8 Metern durchspielt und anschließend übersprungen.

3. Übung: Zwei abermals in einer Entfernung von 20 Metern plazierte Bänke liegen quer zur Laufrichtung und werden als «Wand» steil angespielt, der zurückprallende Ball wird mitgenommen und an der Bank vorbeigeführt.

4. Übung: Wie 2.

(A)NMERKUNG, (V)ARIATION

(A) (V)   Dieser Parcours ist auch als Kurzprogramm (mit allen Spielen zugleich einsetzbar, wenn …

  a) der ganze Platz genutzt wird und

  b) noch mehr Bänke vorhanden sind oder dieser Umlauf mit einem Hütchenparcours kombiniert wird.

ABSPIELFORMEN IM DREIECKLAUF

Anzahl der Spieler / Gruppengröße

Beliebig   Partnerform

Geräte

3 Hütchen
Partnerweise 1 Ball

Anwendung

Kurzprogramm
Stationsbetrieb

Trainingsschwerpunkt

Verbesserung der Grundlagenausdauer,
des Ballgefühls und des direkten Spiels

Dosierung

8 bis 12 Min.

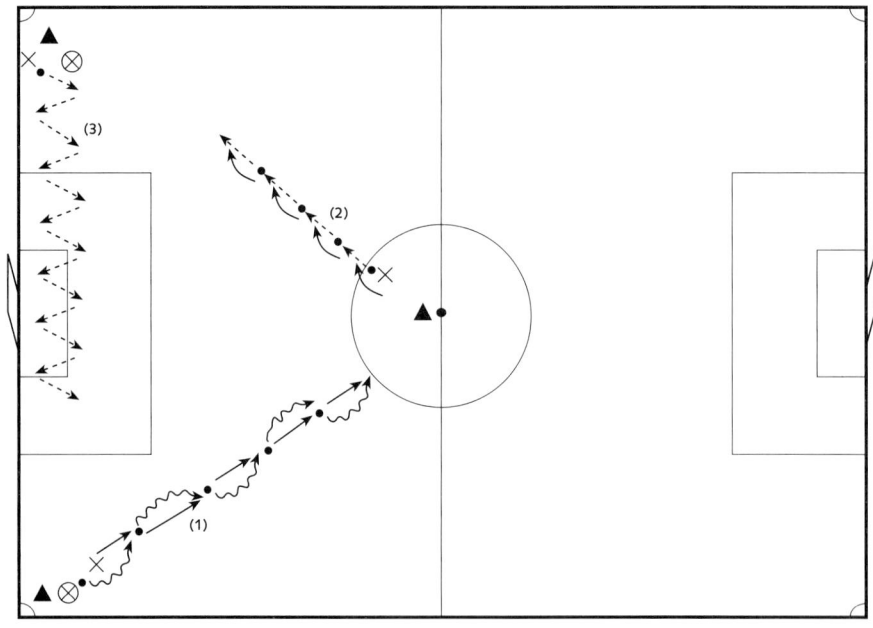

Ein über das halbe Spielfeld reichendes Dreieck wird partnerweise umlaufen. Jedes Spielerpaar ist im Besitz eines Balles. An jeder Dreieckseite wechselt die Abspielform:

1. Seite: Partner A, im Besitz des Balles, dribbelt hinter dem etwa 2 Meter vor ihm trabenden Partner B. Spieler A forciert das Dribbling, überholt dabei seinen Partner B und überläßt (übergibt) den Ball, indem er ihn kurz mit der Sohle antippt (stoppt) bzw. per Absatz zurückspielt. Spieler B, jetzt im Ballbesitz, setzt nun ebenso zum Überholen an …

2. Seite: Von den hintereinander laufenden Partnern ist der Vordermann (A) im Ballbesitz. Ein kurzer Paß über 2 bis 3 Meter ist das Zeichen für den Hintermann (B), um von hinten vorzustarten, diesen Kurzpaß zu erlaufen und seinerseits ebenfalls sofort direkt weiterzuspielen …

3. Seite: Direktes Zuspiel der beiden parallel laufenden Partner über 2 bis 3 Meter.

(A)NMERKUNG, (V)ARIATION

(A)   Als Kurzprogramm wird in der 2. Hälfte ein weiteres Dreieck aufgebaut. Zur Entzerrung der Paare erfolgt der Start an den Eckpunkten und in der Streckenmitte.

HÜTCHENDRIBBLING

Anzahl der Spieler / Gruppengröße

Beliebig   Einzeln

Geräte

20 bis 24 Hütchen

Pro Spieler 1 Ball

Anwendung

Kurzprogramm

Stationsbetrieb

Trainingsschwerpunkt

Verbesserung der Grundlagenausdauer,
der Ballführung

Dosierung

8 bis 12 Min.

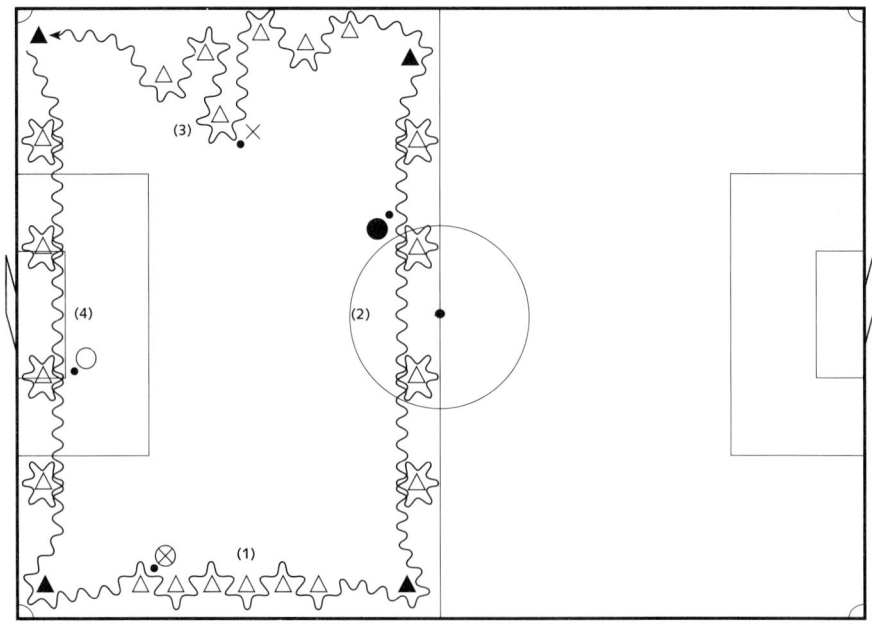

AUFGABENBESCHREIBUNG

In einer Spielfeldhälfte gilt es, einen Dribbelparcours in folgender Art und Weise zu durchlaufen:

1. Übung: Sechs in regelmäßigem Abstand von etwa 1 bis 1,5 Metern aufgestellte Hütchen sollen im hohen Tempo umspielt werden.

2. Übung: Vier etwa im Abstand von ca. 8 Metern auseinandergerückte Hütchen sollen im Wechsel von linker und rechter Innenseite umkreist werden.

3. Übung: Ein Slalomkurs von sechs versetzt aufgestellten Hütchen wird durchdribbelt.

4. Übung: Die ebenso wie unter 2. angeordneten Hütchen werden im Wechsel von linkem und rechtem Fuß nun per Außenseite ganz umkurvt.

(A)NMERKUNG, (V)ARIATION

(V)   Natürlich ist dieser Parcours auch über den ganzen Platz anwendbar.

DRIBBELPARCOURS DURCH HÜTCHENTORE

Anzahl der Spieler/ Gruppengröße

Beliebig   Einzeln

Geräte

24 Hütchen

Pro Teilnehmer 1 Ball

Anwendung

Kurzprogramm

Stationsbetrieb

Trainingsschwerpunkt

Verbesserung der fußballspezifischen Ausdauer,

der Ballführung

Dosierung

8 bis 12 Min.

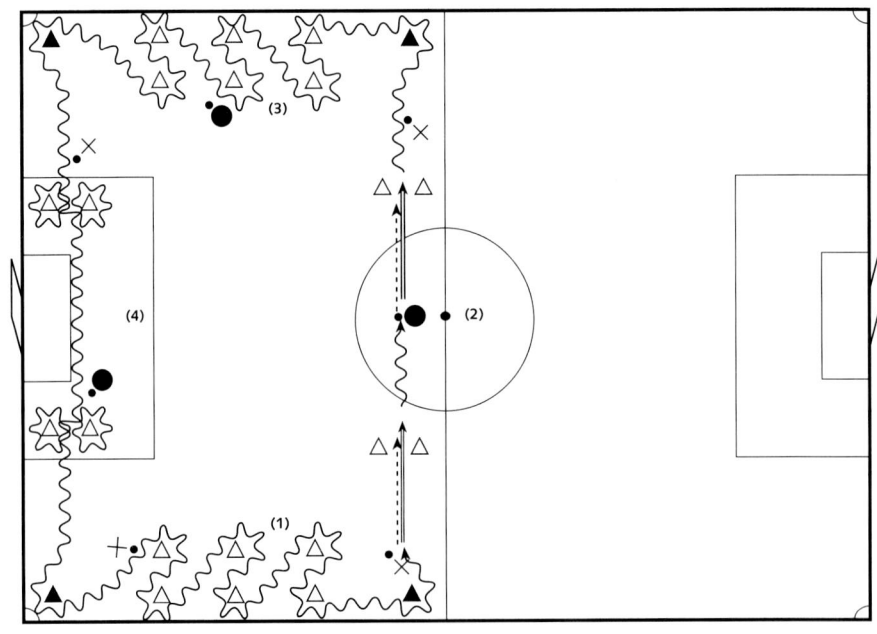

Mehrere Hütchentore, entlang der 4 Seiten einer Spielfeldhälfte aufgestellt, sind auf verschiedene Weise zu durchdribbeln bzw. zu durchspielen:

1. Seite: Die Hütchentore werden von links angelaufen und in Form einer halben Acht durchdribbelt (Breite der Tore: 1 bis 1,5 Meter).

2. Seite: Aus adäquater Entfernung soll jeder Ballführende einen Paß durch das 1 bis 2 Meter breite Hütchentor spielen und nachstarten (eventuell ist die Stelle, an der der Paß gespielt werden soll, mit einem Hütchen zu markieren).

3. Seite: Die Tore sollen nun von rechts angelaufen und in Form einer halben Acht durchlaufen werden.

4. Seite: Die Hütchentore werden in der Mitte beginnend angelaufen. Jeder Spieler dribbelt eine «liegende Acht» um das Tor.

DRIBBEL- UND TORSCHUSSPARCOURS

Anzahl der Spieler / Gruppengröße

Beliebig   Einzeln

Geräte

24 bis 26 Hütchen
2 tragbare Tore

Anwendung

Kurzprogramm

Trainingsschwerpunkt

Verbesserung der Ballführung,
des Torschusses,
des Torhüterspiels

Dosierung

8 bis 12 Min.

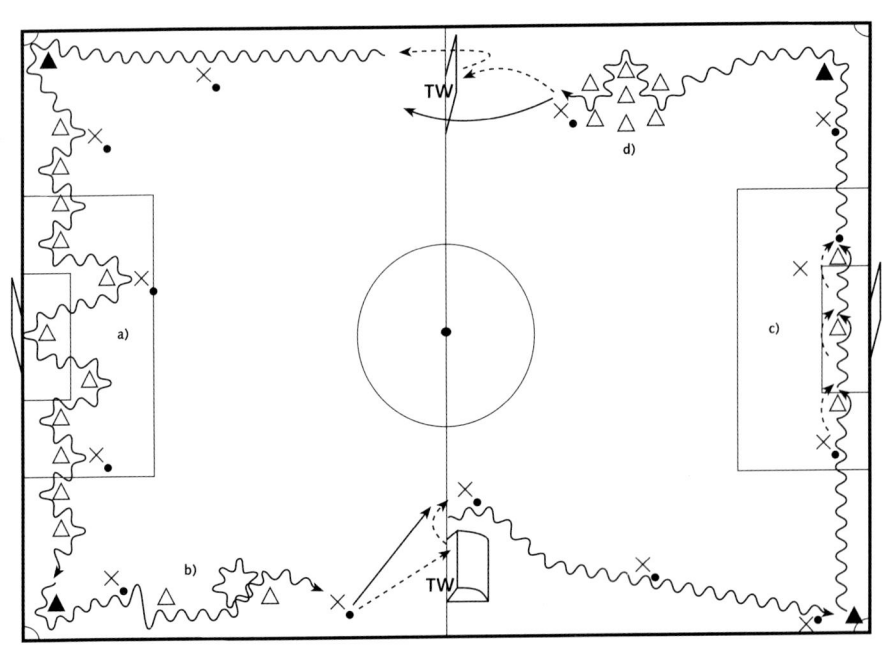

AUFGABENBESCHREIBUNG

Ein entlang der Seiten- bzw. Grundlinien aufgebauter Parcours ist wie folgt zu durchdribbeln:

1. Querseite: Eine regelmäßig erstellte Hütchenreihe (Abstand etwa 1 Meter) geht in einen unregelmäßigen Slalomkurs über und endet wieder mit regelmäßig aufgereihten Hütchen (a).

1. Längsseite: Vor den jeweils einzelnen Hütchen wird eine beliebige (oder vorgegebene) Finte absolviert. Das auf Höhe der Mittellinie plazierte Tor wird von einem Torhüter besetzt. Dieses Tor ist abgelegt (!); dadurch soll im Anschluß an die letzte Finte ein flacher Torschuß herausgefordert werden. Parierte Schüsse rollt der Torwart dem Schützen in den Lauf, abgewehrte Bälle erläuft der Schütze, ohne nachzuschießen, und auch jene Bälle, die übers Tor gehen bzw. gelenkt werden, erläuft der Spieler und dribbelt in Richtung Eckhütchen (b).

2. Querseite: 3 bis 4 Hütchen, im Abstand von ca. 8 Metern aufgestellt, sollen aus dem Dribbling überspielt werden (kurzes Anlupfen des Balles per Fußspitze / Spann) (c).

2. Längsseite: Ein Hütchenlabyrinth ist ungefähr 18 bis 20 Meter vor dem tragbaren Tor, das durch einen Torhüter besetzt ist, aufgebaut. Es kann nach Belieben durchdribbelt werden. Dem folgenden Torschuß schließt sich wie auf der 1. Längsseite das Erlaufen des Balles bzw. das Dribbling zum Eckhütchen an (d).

(A)NMERKUNG, (V)ARIATION

(A) Steht für (b) nur ein tragbares Tor zur Verfügung, so tut es zur Not auch ein Jugendtor, das dann ebenso abgelegt wird.

Die Kurzprogramme

Kurzprogramme Koordination, Geschicklichkeit, Gewandtheit, Beweglichkeit

KOORDINATIONSLÄUFE

Anzahl der Spieler / Gruppengröße
Beliebig   Einzeln /
                  Partnerweise

Geräte
16 Hütchen

Anwendung
Kurzprogramm

Trainingsschwerpunkt
Verbesserung der Koordination,
des Sprints

Dosierung
3 x 2 Runden
dazwischen 2 bis 3 Min. Dehnungs- und
Trabphase

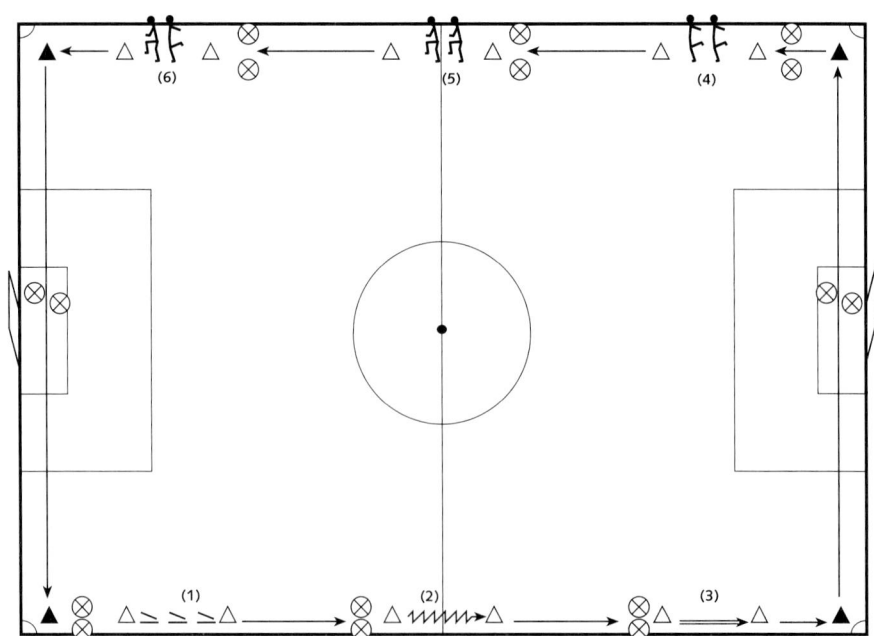

AUFGABENBESCHREIBUNG

Die je drei an den Längsseiten durch Hütchen markierten Zonen zwischen 5 und 10 Meter werden mit koordinativen Übungen «ausgefüllt». Auf den beiden Querseiten und den Strecken zwischen den Hütchenzonen erfolgt ein lockerer Trablauf.

1. Zone: Fußgelenksarbeit; schnelles Heben und Senken der Fersen, ohne dabei mit den Fußballen abzuheben (5 Meter).
2. Zone: Skippings mit betontem Armeinsatz (5 Meter).
3. Zone: Sprint (8 Meter).
4. Zone: Anfersen (8 Meter).
5. Zone: Kniehebelauf (5 Meter).
6. Zone: Kombination aus Anfersen und Kniehebelauf (10 Meter).

(A)NMERKUNG, (V)ARIATION

BRASILIANISCHES LAUFTRAINING

Anzahl der Spieler / Gruppengröße

12/15/16/18/   Dreier- bis
20/21/24   Sechsergruppen

Anwendung

Kurzprogramm

Trainingsschwerpunkt

Verbesserung der Koordination,
des Rhythmusgefühls

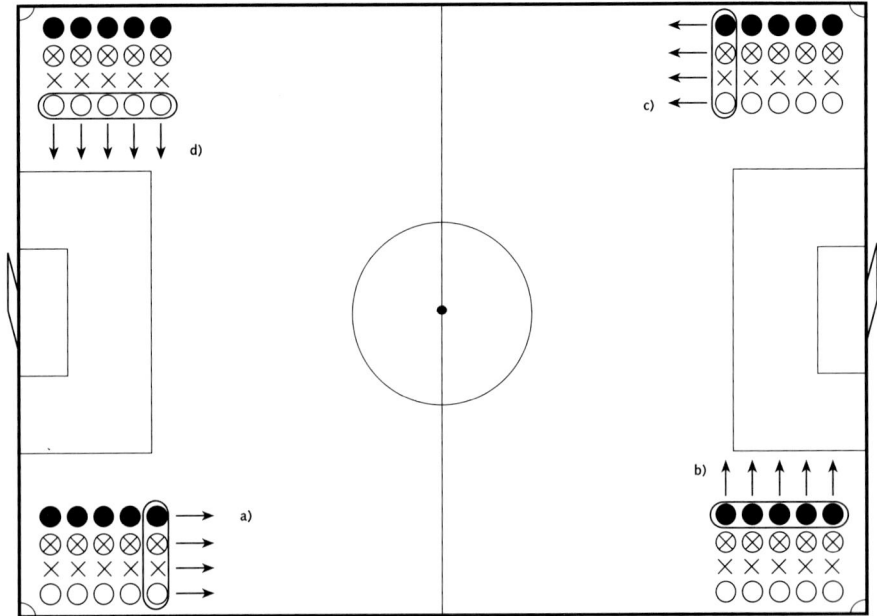

Dieses «Brasilianische Lauftraining» funktioniert nur, wenn komplette Reihenbildungen vorgenommen werden können (z. B. 15 Spieler = 3 5er-Reihen, 16 Spieler = 4 4er-Reihen, 18 Spieler = 6 3er-Reihen).

Beispielsweise nehmen 20 Spieler zwischen der Seitenauslinie und dem Strafraum in 5 Viererreihen Aufstellung und traben so entlang der Seitenauslinie (a). Die Läufer bewegen sich innerhalb ihrer Reihen stets auf gleicher Höhe und wahren den Abstand zum Vordermann. Alle bewegen sich nach den untenstehenden Lauformen, die allesamt von einem in die Bewegung integrierten rhythmischen Klatschen begleitet werden. Unmittelbar bevor die erste Viererreihe auf eine Spielfeldbegrenzung trifft (hier: Grundlinie [b]), führen alle Spieler gleichzeitig eine Linksdrehung um 90° aus, so daß bei exakter Ausführung nun jene Spieler an vorderster Front laufen, die eben noch hintereinander die Innenlinie bildeten. Nun führt eine Fünfergruppe das Feld an, die an der nun folgenden Seitenauslinie wieder in eine Vierergruppe übergeht (c).

Alle koordinativen Aufgaben werden je zweimal, nämlich entlang der Querseiten, absolviert, die Längsseiten erfolgen im Trab:

1. Trab, wobei die Hände vor und hinter dem Körper auf Brusthöhe zusammengeschlagen werden.

2. Trab, dabei schlägt die linke Hand auf den linken Oberschenkel, nach 2 bzw. 3 Schritten die rechte Hand auf den rechten Oberschenkel.

3. Trab, indem die anfersenden Füße beklatscht werden.

4. Trab, wobei die linke Hand den linken Oberschenkel und die rechte Hand das rechte anfersende Bein beklatscht.

5. Trab mit gegengleicher Aufgabe von Übung 4 (rechte Hand – rechter Oberschenkel, …).

6. Trab mit wechselndem Beklatschen beider Oberschenkel.

7. Seitgalopp als «Hampelmann».

8. Seitgalopp mit Zusammenschlagen der Hände vor und hinter dem Körper.

KOORDINATIONSLÄUFE

Anzahl der Spieler / Gruppengröße

Beliebig   Einzeln

Anwendung

Kurzprogramm

Trainingsschwerpunkt

Verbesserung der Koordination

Dosierung

Eine Breite Trab im Wechsel mit einer
Breite Koordinationslauf

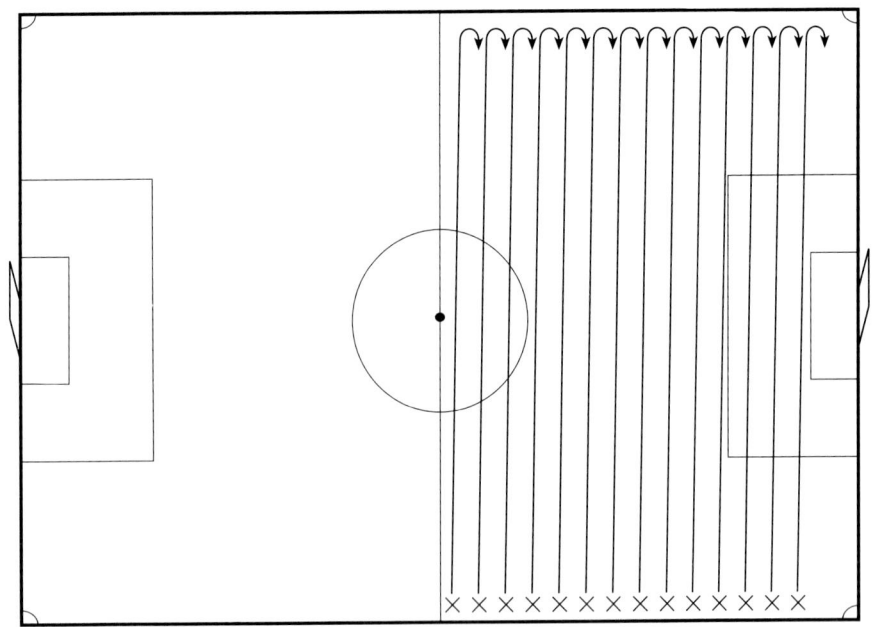

An einer Seitenauslinie aufgereiht, traben die Spieler auf einer Höhe zur gegenüber-liegenden Auslinie. Auf dem Rückweg werden Koordinationsübungen in folgender Form durchgeführt:

1. Einarmdrehung mit dem linken (rechten) Arm vorwärts (Wechsel links / rechts in der Mitte der Laufstrecke).
2. Einarmdrehung rückwärts (links / rechts im Wechsel von etwa 10 Metern).
3. Beidarmdrehung vorwärts.
4. Beidarmdrehung rückwärts.
5. Einarmdrehung links – eine Einarmdrehung rechts – eine Beidarmdrehung, …
6. Mühlarmkreisen vorwärts (ist der linke Arm oben, so zeigt die rechte Hand nach unten).
7. Mühlarmkreisen rückwärts.
8. Gegengleiches Drehen der Arme neben dem Körper (linker Arm dreht rechts, rechter Arm dreht links herum).
9. Arme seitlich über dem Kopf zusammen- und herunterführen.
10. Schulterrollen im Trab.
11. Explosive Boxbewegungen aus dem Trab.
12. Arme sind über den Kopf gestreckt, Ballenlauf mit wechselseitigem Recken der Arme nach oben.

████████████**(A)NMERKUNG, (V)ARIATION**████████

■■ KOORDINATIONSSCHULUNG DURCH HOPSERLÄUFE ■■

Anzahl der Spieler / Gruppengröße

Beliebig   Einzeln

Geräte

Eventuell 4 Hütchen

Anwendung

Kurzprogramm

Trainingsschwerpunkt

Verbesserung der Koordination

Dosierung

Eine Strecke Koordinationslauf,
anschließend eine Strecke langsamer,
lockerer Trablauf

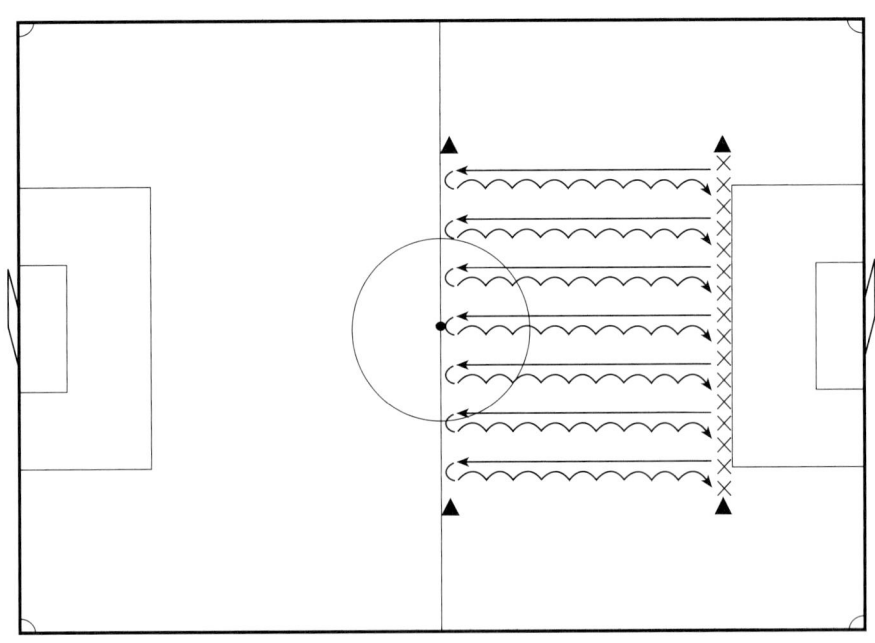

Die Spieler stellen sich entlang der Strafraumgrenze auf und traben auf einer Höhe in Richtung Mittellinie. Dort wenden die Spieler. Auf dem Rückweg zur Sechzehnmeterlinie führen sie unterschiedliche koordinative Übungen aus:

1. Lockerer Hopserlauf ohne Kraftaufwand – Trab zurück.
2. Hopserlauf in die Höhe, kräftiger gegengleicher Armeinsatz – Trab zurück.
3. Hopserlauf in die Weite – Trab zurück.
4. Hopserlauf rückwärts – Trab zurück.
5. Hopserlauf mit gleichzeitigem Armkreisen vorwärts – Trab zurück.
6. Hopserlauf mit gleichzeitigem Armkreisen rückwärts – Trab zurück.
7. Hopserlauf mit Gegendrehen von Oberkörper und Hüfte (Arme schwingen dabei stets gegengleich) – Trab zurück.
8. Hopserlauf mit gleichzeitigem Kreuzen der Arme vor der Brust, Öffnen der Arme bis zur Seithalte – Trab zurück.
9. Hopserlauf mit Drehungen um die eigene Achse (pro Drehung etwa 2 bis 3 Sprünge) – Trab zurück.

(A)NMERKUNG, (V)ARIATION

GEWANDTHEIT UND GESCHICKLICHKEIT

Anzahl der Spieler / Gruppengröße

Beliebig   Einzeln

Geräte

16 Hütchen
3 Hürden oder 3 Bänke
5 bis 7 Stangen

Anwendung

Kurzprogramm
Stationsbetrieb

Trainingsschwerpunkt

Verbesserung der Koordination,
der Gewandtheit,
der Geschicklichkeit

Dosierung

6 bis 8 Min.

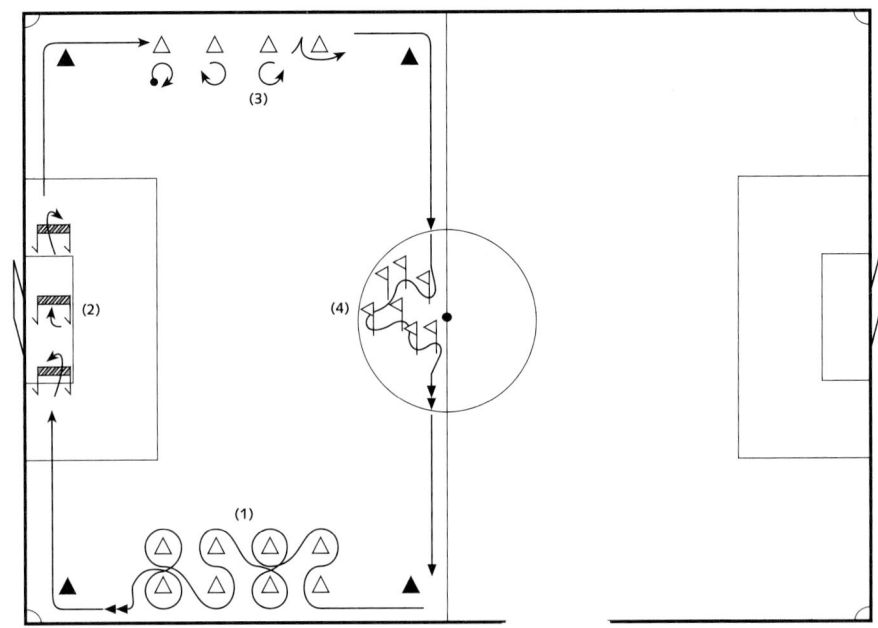

AUFGABENBESCHREIBUNG

Die 4 Ecken eines halben Feldes sind durch Hütchen abgesteckt. Die untenstehende Anordnung der Geräte wird in folgender Art genutzt:

1. Seite: Von 4 Hütchentoren, mit einer Breite von ca. 1 Meter und in einer Entfernung von ungefähr 1,5 Metern zueinander aufgestellt, wird das erste Tor von links in Form einer halben Acht, das 2. Tor, in der Mitte beginnend, als ganze Acht, das 3. Tor von rechts wiederum in Form einer halben Acht und das 4. Tor als ganze Acht in schnellem Tempo durchlaufen. Trab um die Ecke.

2. Seite: Von 3 Hürden mit einer Höhe zwischen 60 und 80 cm, im Abstand von etwa 5 Metern aufgebaut, wird die 1. Hürde übersprungen, die 2. Hürde unterquert und die 3. Hürde wieder übersprungen. Trab um die Ecke.

3. Seite: An den 4 Hütchen, die in einer Entfernung von 5 Metern zueinander aufgereiht sind, wird nacheinander …
   - eine Rolle vorwärts,
   - eine Drehung um die eigene Achse links herum,
   - eine ganze Umdrehung nach rechts weg und
   - eine Links-rechts- (oder Rechts-links-)Täuschung ausgeführt.
   - Trab um die Ecke.

4. Seite: Die 5 bis 7 Stangen eines Stangenlabyrinths, die in einem Abstand von maximal 1 Meter zueinander stehen, sollen alle in schnellstmöglicher Weise durchlaufen werden (Mischung aus Seitgalopp, Sidesteps und Trippelschritten). Trab um die Ecke.

(A)NMERKUNG, (V)ARIATION

KOORDINATIONSSCHULUNG IM QUADRAT

Anzahl der Spieler / Gruppengröße

Beliebig   Einzeln

Anwendung

Kurzprogramm

Geräte

4 Hütchen

Trainingsschwerpunkt

Verbesserung der Koordination,
der Reaktion,
der Gewandtheit

Dosierung

15 bis 20 Sek. Koordination
30 bis 40 Sek. Trab im Wechsel

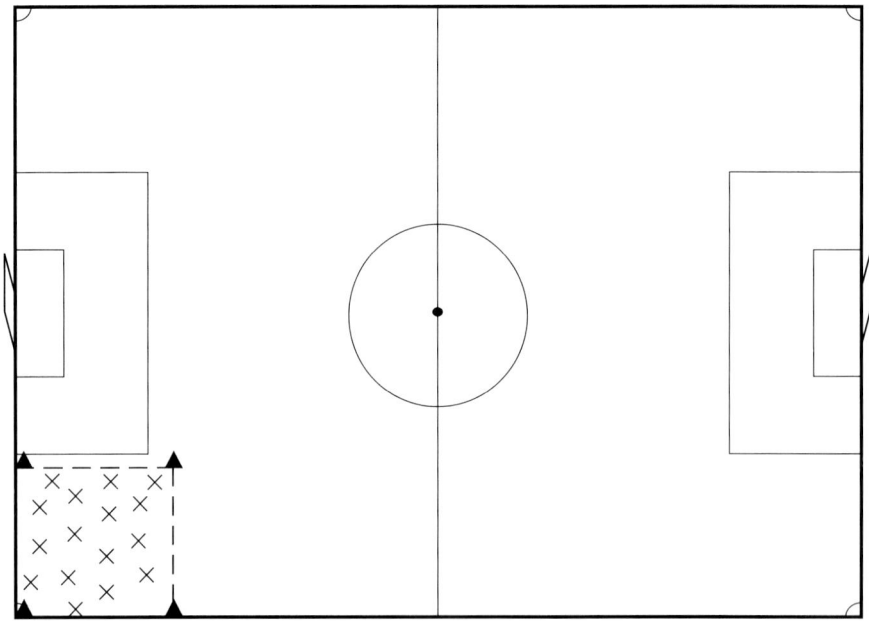

AUFGABENBESCHREIBUNG

Im relativ klein gehaltenen Quadrat (z. B. 12 x 12 m bei etwa 16 Spielern) bewegen sich alle Spieler nach den unten aufgeführten Vorgaben willkürlich durcheinander. Höchstes Gebot ist es dabei, keinen kreuzenden oder entgegenkommenden Partner zu berühren:

1. Trab aller Spieler; maximales Ausnutzen der Fläche.
2. Auf Zeichen des Trainers müssen alle Spieler immer wieder bewußt durch die Mitte des Quadrats laufen und ausschwärmen.
3. Aus dem Trab erfolgt auf Klatschen des Trainers eine Drehung um die eigene Achse (linksherum im Wechsel mit rechtsherum).
4. Jedes aufeinander zulaufende Paar täuscht von sich aus gesehen rechts an und läuft links weg (auch umgekehrt).
5. Hopserlauf (eventuell mit Varianten wie Armkreisen usw.).
6. Seitüberkreuzläufe (aus der seitlichen Fortbewegung zur linken Seite wird das Kniegelenk des rechten Beines 90° gebeugt und halbkreisförmig vor dem Körper nach vorne geführt und vor dem linken Bein aufgesetzt).
7. Seitgaloppwechselsprünge.
8. Rückwärtstrab.
9. Seitgalopp rückwärts im Zickzackkurs (3 Schritte links – 3 Schritte rechts).

(A)NMERKUNG, (V)ARIATION

KOORDINATIONSPARCOURS

Anzahl der Spieler / Gruppengröße

Beliebig   Einzeln

Geräte

10 bis 12 Hütchen

12 bis 16 Stangen

Anwendung

Kurzprogramm

Stationsbetrieb

Trainingsschwerpunkt

Verbesserung der Koordination,
der Schnelligkeit

Dosierung

5 bis 7 Min.

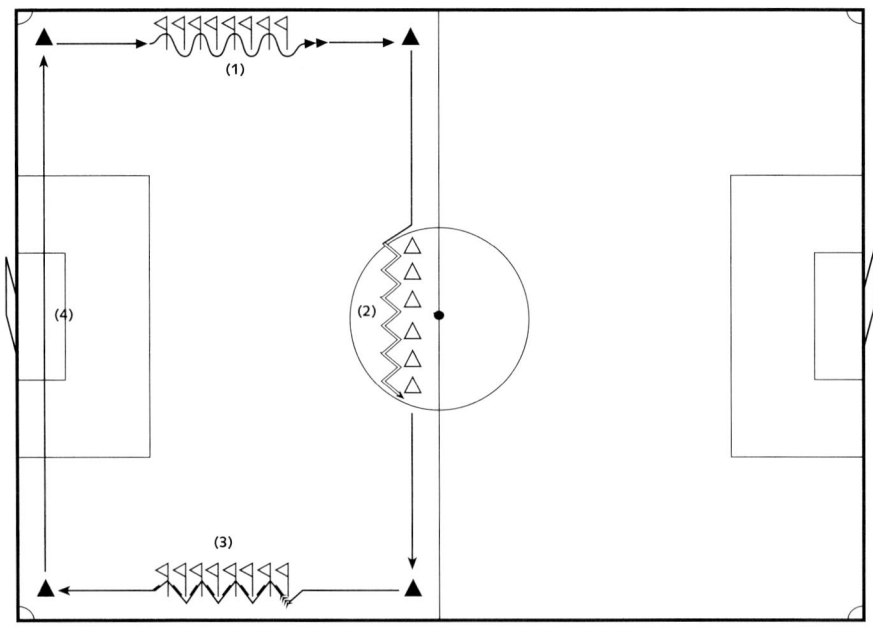

AUFGABENBESCHREIBUNG

Die zu umlaufende Bahn einer Spielfeldhälfte wird in den Ecken durch 4 Hütchen abgesteckt. Die eine der vier Seiten ist trabend zu absolvieren, die drei anderen Seiten gilt es folgendermaßen zu durchlaufen:

1. Etwa 5 bis 8 eng hintereinander stehende Stangen (Abstand etwa 80 cm) werden in einer schnellen Vorwärtsbewegung durchlaufen.

2. 6 bis 8 ungefähr 50 Zentimeter auseinander stehende Hütchen sollen durch sogenannte Hochfrequenzläufe überwunden werden (rechtes Bein über das Hütchen, linkes Bein nachziehen und auf den Boden aufsetzen, rechtes Bein erneut explosiv über das Hütchen, …).

3. Die wiederum ähnlich eng aufgereiht 6 bis 8 Stangen (Abstand etwa 1 Meter) werden im Seitgalopp rückwärts durchlaufen (kleine schnelle Schrittfrequenzen).

4. Lockerer Trab.

(A)NMERKUNG, (V)ARIATION

KOORDINATIONSLÄUFE IM SEITGALOPP (I)

Anzahl der Spieler / Gruppengröße

Beliebig   Einzeln

Anwendung

Kurzprogramm

Trainingsschwerpunkt

Verbesserung der Koordination

Dosierung

Vergleiche Text

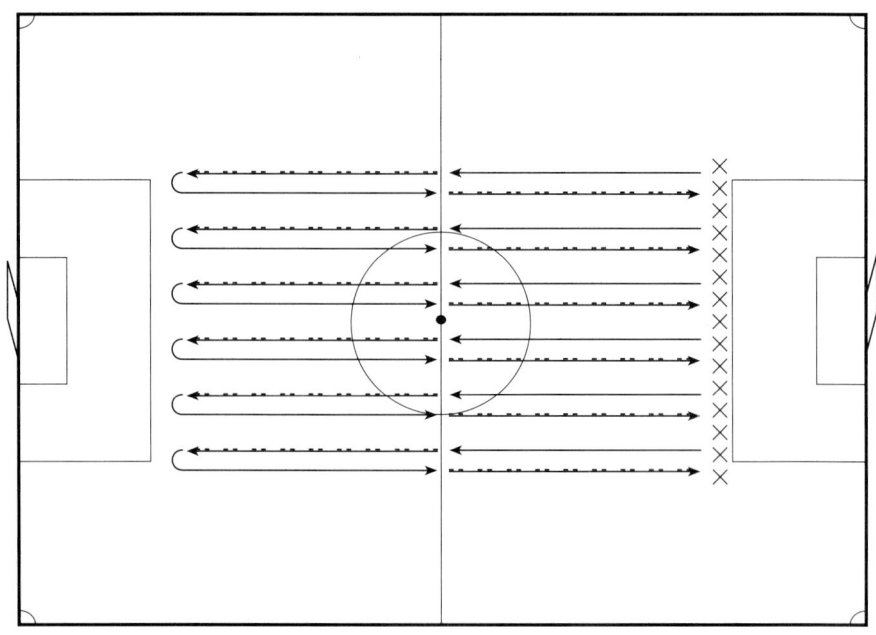

Entlang des Strafraums aufgereiht, traben die Spieler auf gleicher Höhe zur Mittellinie. Von der Mittellinie bis zum gegenüberliegenden Strafraum werden die unten genannten koordinativen Vorgaben absolviert, die linke Schulter zeigt in Laufrichtung). Der Rückweg vom Strafraum zur Mittellinie erfolgt im lockeren Trab. Von der Mittellinie bis zur Strafraumgrenze wird die Vorgabe nun mit der rechten Schulter in Laufrichtung ausgeführt:

1. Trab zur Mittellinie, ab dort Seitgalopp ohne Armeinsatz (die linke Schulter zeigt in Laufrichtung) bis zum anderen Strafraum. Kehrtwende mit folgendem Trab bis zur Mittellinie. Von hier aus erfolgt erneut der Seitgalopp (nun mit der rechten Schulter in Laufrichtung) bis zum Ausgangspunkt.

2. Seitgalopp aus der Vorwärtsbewegung im Zickzackkurs (3 Schritte nach links – 3 Schritte nach rechts).

3. Seitgalopp im Zickzackkurs rückwärts (3 Schritte nach links – 3 Schritte nach rechts).

4. Seitgalopp mit Pendeln der Arme bis zur Höhe der Schultern, Seitenwechsel in der Mitte der Laufstrecke.

5. Seitgaloppwechsel mit Pendeln der Arme bis auf Schulterhöhe.

6. Seitgalopp mit Zusammenschlagen der Hände über dem Kopf – Absenken der Arme, ähnlich einem «Hampelmann».

KOORDINATIONSLÄUFE IM SEITGALOPP (II)

Anzahl der Spieler / Gruppengröße

Beliebig   Partnerform /
                        Dreiergruppe

Geräte

8 Hütchen

Anwendung

Kurzprogramm

Trainingsschwerpunkt

Verbesserung der Koordination

Dosierung

Vergleiche Text

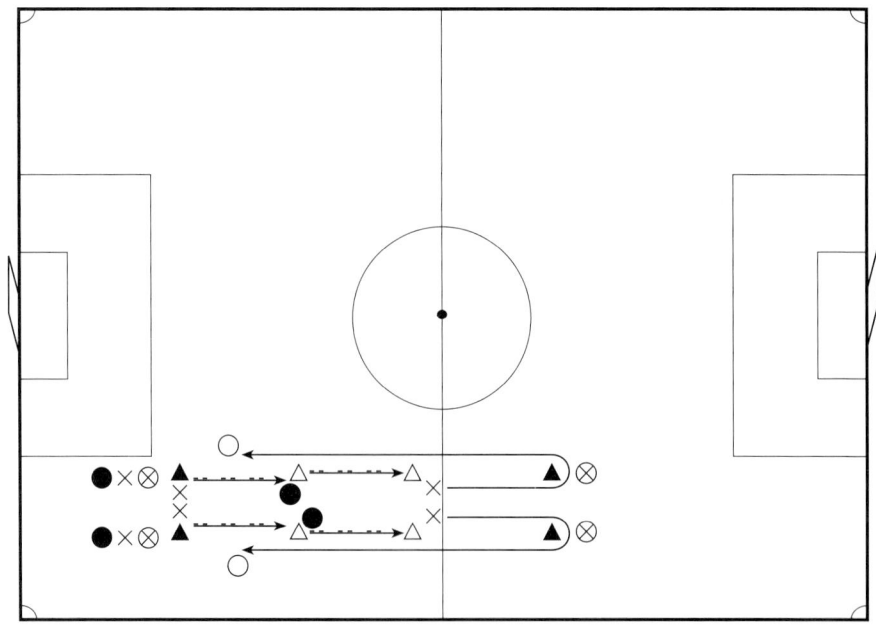

AUFGABENBESCHREIBUNG

Vier etwa 3 Meter breite Linien, durch Hütchen gekennzeichnet, sind jeweils 20 Meter voneinander entfernt aufgestellt. Die Spieler laufen partnerweise im Strom, indem sie auf der ersten und zweiten Strecke die koordinativen Übungen absolvieren (Wechsel von linker und rechter Führungsseite an der zweiten Hütchenlinie), die dritte Strecke und der Rückweg zum Ausgangspunkt über die Seiten wird trabend zurückgelegt.

1. Seitgalopp mit Zusammenschlagen der gestreckten Arme (Hände) auf Brusthöhe und Rücken.
2. Seitgalopp mit beidseitigem Armkreisen vorwärts (bzw. rückwärts).
3. Seitgalopp mit Gegenarmkreisen (linker Arm dreht rechts- – rechter Arm dreht linksherum).
4. Seitgalopp mit Boxbewegungen.
5. Seitgalopp, indem die Arme gegengleich abgewinkelt hinter den Kopf bzw. den Rücken gebracht werden.
6. Seitgalopp mit gegengleichem Armwippen seitlich des Körpers.

(A)NMERKUNG, (V)ARIATION

STANGEN-HÜRDEN-PARCOURS

Anzahl der Spieler / Gruppengröße

Beliebig   Einzeln

Geräte

12 bis 16 Stangen
8 Hürden
4 Hütchen

Anwendung

Kurzprogramm
Stationsbetrieb

Trainingsschwerpunkt

Verbesserung der Gewandtheit,
der Geschicklichkeit,
der Beweglichkeit,
der Koordination

Dosierung

5 bis 7 Min.

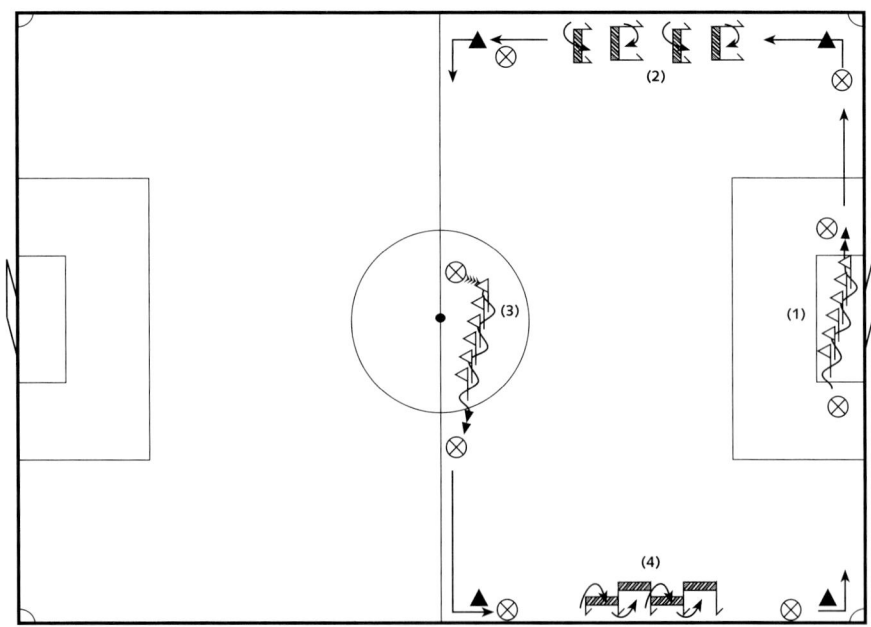

Die vier Seiten eines halben Spielfeldes werden mit Stangen und Hürden in folgender Form ausgestattet und überwunden:

1. Seite: 6 bis 8 eng gestellte Stangen (Abstand etwa 80 cm) werden im Slalom schnellstmöglich durchlaufen (seitgaloppähnliche Fortbewegung).

2. Seite: 4 Hürden sind im Abstand von etwa 5 Metern aufgestellt. Dabei wechselt sich eine ca. 50 cm hohe Hürde, die übersprungen wird, mit einer etwa 80 cm eingestellten Hürde, die unterquert wird, ab.

3. Seite: 6 bis 8 eng gestellte Stangen gilt es im Slalom rückwärts zu durchlaufen (seitgaloppähnliche Fortbewegung).

4. Seite: 4 längs zur Laufrichtung aufgebaute und direkt aneinander gereihte Hürden müssen im Wechsel von Überspringen (50 cm Höhe) und Unterqueren (80 cm Höhe) bewältigt werden.

(A)   Als Kurzprogramm, bei dem alle Spieler gleichzeitig beteiligt sind, ist dieser Parcours über den ganzen Platz auszudehnen, um Staus an den Geräten zu vermeiden.

DRIBBEL- UND GYMNASTIKPARCOURS

Anzahl der Spieler / Gruppengröße

Beliebig   Einzeln

Geräte

4 Hütchen

Pro Spieler 1 Ball

Anwendung

Kurzprogramm

Stationsbetrieb

Trainingsschwerpunkt

Verbesserung der Grundlagenausdauer,
der Beweglichkeit

Dosierung

8 bis 12 Min.

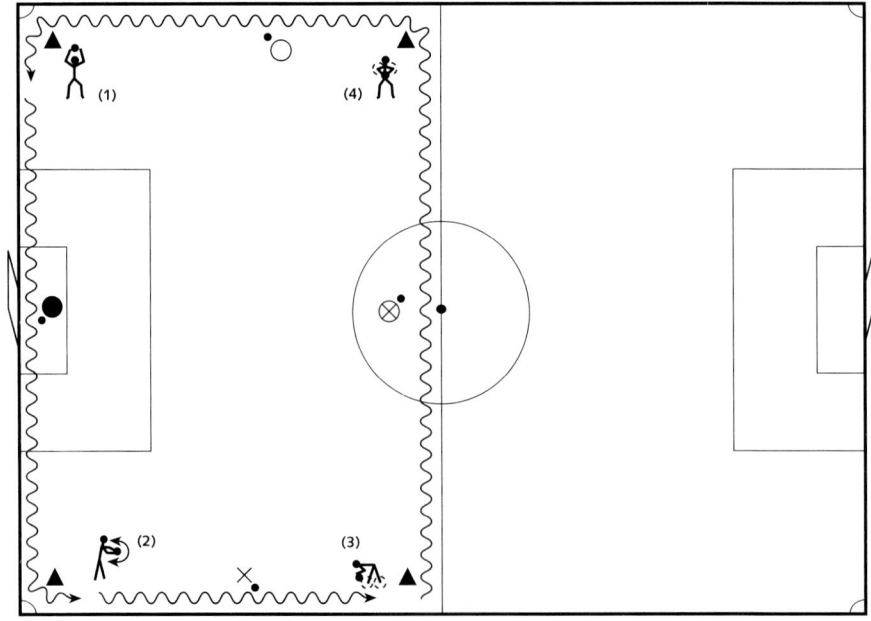

An den Ecken einer Spielfeldhälfte wird je 1 Hütchen plaziert. Dieses Viereck umdribbeln die Spieler, die alle mit einem Ball ausgestattet sind, im hohen Ausdauertempo. An den Ecken betätigen sie sich in folgender Form:

1. Ball über dem Kopf in Hochhalte, bei aufrechter Körperhaltung seitliches Wippen
   des Oberkörpers im Wechsel von links und rechts mit leichtem Nachwippen (12
   Mal).
2. Ball in Vorhalte (Ball in Brusthöhe bei gestreckten Armen). Drehen des Oberkörpers (bei gestreckten Armen). In Drehrichtung nachblicken.
3. Im Grätschwinkelstand den Ball in Form einer Acht durch die Beine rollen. Dabei
   das Gewicht verlagern.
4. Ball in Hüfthöhe um Körper kreisen lassen.

(A)NMERKUNG, (V)ARIATION

SEILGYMNASTIK

Anzahl der Spieler / Gruppengröße
Beliebig   Partnerform

Geräte
8 Hütchen
Partnerweise ein Sprungseil

Anwendung
Kurzprogramm

Trainingsschwerpunkt
Verbesserung der Beweglichkeit

Dosierung
Jede Übung wird bis zur Rückkehr des
Partners ausgeführt, dadurch ergeben
sich etwa 25 bis 30 Wiederholungen pro
Übung

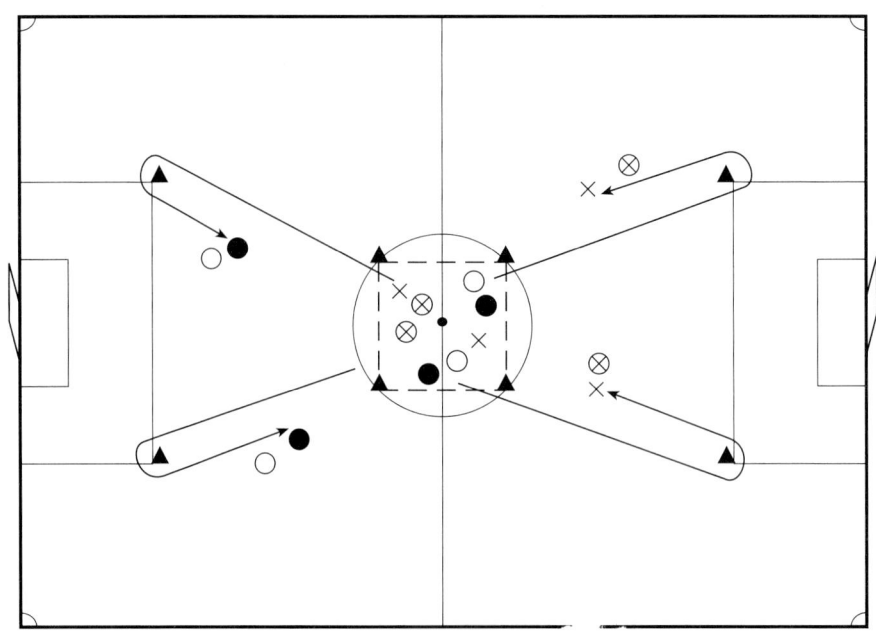